本书由人文在线出版基金资助出版

付高生　著

［社会空间问题研究］

新 华 出 版 社

图书在版编目（CIP）数据

社会空间问题研究 / 付高生著 . —北京：新华
出版社，2018.5
ISBN 978-7-5166-4186-6

Ⅰ.①社… Ⅱ.①付… Ⅲ.①社会学—研究
Ⅳ.① C91

中国版本图书馆 CIP 数据核字（2018）第 107000 号

社会空间问题研究

作　　者：付高生

责任编辑：徐文贤
封面设计：人文在线

出版发行：新华出版社
地　　址：北京石景山区京原路 8 号　　　　邮　　编：100040
网　　址：http://www.xinhuapub.com
经　　销：新华书店
购书热线：010-63077122　　　　中国新闻书店购书热线：010-63072012

照　　排：北京人文在线文化艺术有限公司
印　　刷：北京市金星印务有限公司
成品尺寸：170mm×240mm　1/16
印　　张：14.25　　　　　　　　　　字　　数：171 千字
版　　次：2018 年 6 月第一版　　　　印　　次：2018 年 6 月北京第一次印刷
书　　号：ISBN 978-7-5166-4186-6
定　　价：50.00 元

前言

　　20世纪伊始，西方社会兴起了以城市化与全球化为代表的大规模空间化浪潮。列斐伏尔敏锐地发现了空间化浪潮与资本主义社会幸存之间的关系，在此基础上，他唤醒了马克思恩格斯文本中沉睡已久的社会空间批判思想，倡导了以空间转向为标示的社会空间理论。社会空间理论认为，当代社会正经历着从物质生产向空间生产的变迁，继而经历着从物质社会向空间社会的变迁。空间社会的到来扭转了人们看待社会的方式。一方面，人们开始把目光聚焦于空间本身，而不再局限于空间中的物质。另一方面，人们开始重视社会批判的空间向度，而不再局限于时间向度。作为一种时代精神，社会空间理论有力地回应了现实生活中的空间化浪潮，实现了从时间批判向空间批判的变迁。

　　社会空间理论研究的问题纷繁多变，其问题导向因人而异。在梳理国内外社会空间理论研究文献的基础上，本书重点探讨了三类社会空间问题：其一，空间演变史与实践之间的奠基性关系问题；其二，社会空间理论研究的宏观发展脉络问题；其三，当代中国空间社会的探索问题。通过对这三大问题的研究，本书得出了四个基本结论。其一，空间演变史与实践之间具有隐秘的奠基性关系或发生学关系，即空间概念、空间理论与空间演变均有着特定的实践基础，以此呼应了马克思主义的实践观，即实践是解开理论谜题的锁钥。其二，社会空间理论研究在宏观上存在着三个发展阶段，即马克思恩格斯的开拓阶段、列斐伏尔的激活阶段以及当代研究者的拓展阶段，从而指出了社会空间理论兴起的必然性、复兴的现实性以及发展的多维性。其三，社会空间理论研究的中国化，即社会空间理论研究要有明确的中国问题意识与中国空间话语。其四，对社会空间理论四大核心概念，即社会空间、当代中国空间生产、社会主义空间生产、资本主义空间生产，作出了基本的含义界定或性质定位。

就研究价值而言，社会空间理论的研究有助于解释与批判当代资本主义社会的空间生产，有助于解释与批判当代中国社会主义社会的空间生产，从而有助于拓宽当代马克思主义的批判路径。随着当代中国空间社会的崛起，社会空间理论将越来越多地说中国话。展望未来的研究前景，本书认为，国内研究者应高度重视当代中国的社会空间问题域建构，自觉推进当代中国的社会空间话语体系建设，着力探索社会空间理论与价值理论相融合的空间价值论研究。

目录

第 1 章　绪论 ……………………………………………… 1

1.1　为什么研究"社会空间" …………………………… 2

1.2　社会空间理论的研究现状 …………………………… 3

　　1.2.1　国外社会空间理论的研究现状 ………… 5

　　1.2.2　国内社会空间理论的研究现状 ………… 12

　　1.2.3　国内外社会空间理论研究现状的比较 ……… 17

1.3　本书的意义、方法、结构与创新 ………………… 21

　　1.3.1　本书的选题意义 ………………………… 21

　　1.3.2　本书的研究方法 ………………………… 22

　　1.3.3　本书的写作结构 ………………………… 25

　　1.3.4　本书的理论创新 ………………………… 26

1.4　关于若干概念的说明 ……………………………… 28

第 2 章　社会空间转向的前史 ………………………… 30

2.1　实践：破解空间谜题的钥匙 ……………………… 31

　　2.1.1　实践：破解空间术语形成之谜的钥匙 …… 31

　　　2.1.2　实践：梳理西方空间理论的钥匙 ………… 35

　2.2　认知客体视域下的前康德时代空间理论 ………… 38

　　　2.2.1　神话思维方式下的空间认知 ………… 39

　　　2.2.2　静观思维方式下的空间认知 ………… 40

　　　2.2.3　自然数学化思维方式下的空间认知 ……… 44

　2.3　认知主体视域下的康德空间理论 ……………… 49

　2.4　生成视域下的后康德时代空间理论 ………… 56

　　　2.4.1　时空统一思维方式下的空间认知 ……… 57

　　　2.4.2　现象学思维方式下的空间认知 ………… 60

　　　2.4.3　谱系学思维方式下的空间认知 ………… 68

第3章　社会空间思想研究的探索历程 ………… 75

　3.1　马克思恩格斯的社会空间思想 ……………… 76

　　　3.1.1　马克思恩格斯探究社会空间的必然性 …… 76

　　　3.1.2　马克思恩格斯的社会空间问题框架 ……… 80

　　　3.1.3　马克思恩格斯社会空间思想的评价 ……… 91

　3.2　当代社会空间理论的研究路径 ……………… 97

　　　3.2.1　社会空间理论研究的合法性证明 ……… 99

　　　3.2.2　社会空间理论研究的"照着讲"与

　　　　　　"接着讲" ………………………… 106

　　　3.2.3　社会空间研究的价值旨归 ………… 119

　3.3　社会空间理论的疑难之释与概念之辨 ………… 124

　　　3.3.1　社会空间转向的释疑 ………… 125

　　　3.3.2　社会空间理论中基本概念的三种追问 …… 131

　3.4　章结：社会空间理论的发展脉络 ………… 140

第4章　社会空间理论视域下的当代中国 ·········· **142**

　4.1　寻求新生活：从空间乌托邦到当代中国空间
　　　　生产 ······················· 142

　　　4.1.1　寻求新生活的空间乌托邦 ·········· 143

　　　4.1.2　超越空间乌托邦的共产主义运动 ······· 148

　　　4.1.3　当代中国空间生产的内蕴 ··········· 153

　4.2　当代中国空间生产中的阵痛 ············· 159

　　　4.2.1　全球化中资本主义空间生产的冲击 ······ 160

　　　4.2.2　空间规划中的空间剥夺与空间失衡 ······ 165

　　　4.2.3　城市化中的城市病 ·············· 172

　4.3　当代中国空间正义的寻求 ·············· 177

　　　4.3.1　从单赢全球空间生产转向共赢全球空间
　　　　　　生产 ····················· 177

　　　4.3.2　从效率导向型空间生产转向公平导向型
　　　　　　空间生产 ·················· 180

　　　4.3.3　从统治型空间规划转向治理型空间
　　　　　　规划 ····················· 185

第5章　结论与展望 ····················· **189**

　5.1　本书的基本结论 ··················· 189

　　　5.1.1　空间演变史与实践之间的发生学关系 ····· 189

　　　5.1.2　社会空间理论发展的三个阶段 ········· 191

　　　5.1.3　社会空间理论研究的中国化 ·········· 192

　　　5.1.4　若干概念的基本规定 ·············· 194

　5.2　未来的研究展望 ··················· 196

5.2.1　当代中国社会空间问题域的建构 ………… 196

5.2.2　当代中国社会空间话语体系的建设 …… 199

5.2.3　当代中国空间价值论研究 …………… 200

参考文献………………………………………… **203**

马克思主义经典作家著作 …………………………… 203

国内原著 ……………………………………………… 204

英文原著 ……………………………………………… 206

中文译著 ……………………………………………… 207

中外论文与报纸 ……………………………………… 210

网上文献 ……………………………………………… 215

后记………………………………………………… **216**

第1章　绪论

工业革命以来，西方社会形成了以城市化、全球化为代表的空间化浪潮。但囿于社会批判理论对时间向度的偏爱，现代社会空间化浪潮中所孕育的时代精神长时期地隐而不显。自1973年列斐伏尔的《资本主义的幸存》出版伊始，这种时代精神才开始从历史舞台的幕后走向了台前。这种新的时代精神就是空间转向思潮中应运而生的社会空间理论。作为一种时代精神，社会空间理论是对西方社会空间化浪潮这一时代特征的理论回应，它突破了社会批判理论中基于时间向度的批判模式，开启了一场具有历史意义的基于空间向度的批判模式，并在此基础上唤醒了马克思恩格斯文本中沉睡已久的社会空间思想。当今世界正处于城市化、区域化、全球化等空间化特征日益加深的时代，作为体现时代精神精华的当代中国马克思主义则应接续基于空间转向的社会空间批判理论，反思和批判当今时代的空间化特征，从而做到：一方面，在理论上构建和发展当代中国马克思主义的社会空间理论；另一方面，在实践上则为当代中国构建又好又快的社会主义空间生产道路建言献策。

1.1　为什么研究"社会空间"

空间是一个历久弥新的哲学主题。从空间认知的思想史看，空间概念的历史经历了诸多颇有影响的阶段，如亚里士多德的处所理论、牛顿的绝对空间理论、康德的直观空间理论。由工业革命所推动的现代社会生产力的发展，使得人类社会步入了由资本逻辑所主导的以城市化、区域化、全球化为代表的空间生产时代。这种社会存在的变迁迫切要求社会意识的更新。作为一种社会意识，社会空间理论正是从理论上对当代社会空间生产的反映。

当代社会空间理论认为，空间不仅构成为人类感性实践的基本形式，而且构成为人类意识的基本视域。就实践维度而言，空间不仅是规定感性实践的历史前提，即自然空间与人化了的社会空间共同构成了人类感性实践的空间基础；而且，空间本身就构成为感性实践的具体形式，即感性实践或感性的物质生产内蕴空间生产的维度。就意识维度而言，空间实践不仅形成了一定的空间意识以及基于其上的空间概念，即空间实践是空间意识与空间概念的前提与基础；而且，特定的空间意识与空间概念又能反过来提供一个解释和批判空间实践的视角，从而为空间实践的反思与总结提供特定的理论支撑。

作为体现时代精神精华的马克思主义，何以研究"社会空间"？笔者认为，其理由可归纳为下述三条：

首先，从社会空间与马克思主义理论形态之间的关系看，社会空间理论的提出唤醒了马克思恩格斯文本中沉睡已久的社会空间思想。但是，研究社会空间，不是限于唤醒马恩文本中如睡美人般的社会空间思想；而且更重要的是，在于开启一扇推动当代马克思主义出场以及构建当代马克思主义新形态的历史之门。这便构成了本书研究"社会空间"的第一个缘由。

其次，从空间认知史看，空间概念具有多种形态，如亚里士多德的处所、牛顿的绝对空间、康德的直观空间等。作为当代重要的空间理论之一，马克思主义社会空间理论的形成不能仅仅归因于空间实践的发展，还必须追溯到空间概念的思想史变迁。这种追溯为马克思主义与西方思想史的接榫架设了一种空间维度的桥梁，从而有助于开启马克思主义空间思想与西方空间思想史的对话。这便构成了本书研究"社会空间"的第二个缘由。

最后，从当代世界范围内的空间生产境况看，资本主义国家支配的资本主义空间生产构成了主导性的空间生产类型。资本主义空间生产造成了当代社会日趋严峻的空间对峙与空间异化，因而势必导致人们对资本主义空间生产的批判性思考与替代性思考。从社会空间视域审视和批判资本主义空间生产，不仅有助于彰显马克思主义的批判精神，从而更新和发展马克思主义的批判路径；而且有助于解释和探寻当代中国空间生产道路。从社会空间理论视域审视资本主义空间生产与社会主义空间生产便构成了本书研究"社会空间"的第三个缘由。

1.2　社会空间理论的研究现状

社会空间，从词源上看，首创于涂尔干在 1893 完成的博士论文《社会分工论》[①]；从理论上看，则发轫于列斐伏尔在 1973 年、1974年先后完成的《资本主义的幸存》与《空间的生产》。因而从时间上

---

① 王晓磊：社会空间论［M］，北京：中国社会科学出版社，2014：70-72.

看，社会空间理论的形成历史也就是四十多年，可谓一门尚处于发展中的年轻学科。但与学科的年轻历史形成鲜明对比的，是汗牛充栋般的社会空间理论研究文献以及跨越国界的社会空间理论研究者群，后者如法国学者列斐伏尔，美国学者大卫·哈维、爱德华·苏贾①、詹姆逊、吉登斯以及中国学者胡大平、庄友刚、陈忠等。由于研究视角、写作文风、史料来源、个人所处历史条件等层面的差异，不同研究者对西方空间思想的文献梳理互有差异。仅以国内博士论文为例，《社会空间论》（潘可礼，2012）、《马克思的社会空间理论研究》（李春敏，2012）以及《社会空间论》（王晓磊，2014）这三篇博士论文就做了三种不同版本的文献综述。

文献综述的研究方法因人而异。梁启超在探讨儒家哲学时曾论述了三种梳理文献的方法：问题的研究法、时代的研究法以及宗派的研究法②。这三种研究方法各有优劣，研究者应根据研究对象的具体情况而决定采用哪一种方法。由于社会空间理论形成的时间短、宗派乏，但其探究的问题域却是非常广泛，因此本书选用"问题的研究法"作为梳理国内外社会空间理论文献的方法。所谓"问题的研究法"，在本书看来，不是指综述文献中所提出的全部问题，而是指综述其中的代表性问题。

本书认为，当前社会空间理论文献所涉及的代表性问题可分为三类：第一类为关于社会空间定义的问题，可以视之为基础性的问题；第二类为探讨空间生产相关的问题，可以视之为拓展性与深化性的问题；第三类为探讨空间正义相关的问题，可以视之为研究旨归与价

---

① Edward·Soja，国内有多种译名，如苏贾、索亚等，本书一律统称为苏贾。

② 梁启超：儒家哲学［M］，北京：中华书局，2015：13.

值指向的问题。本书主要围绕这三类问题做国内外社会空间理论研究的文献综述。由于本书择取的三类问题并未涵盖当前社会空间理论研究的所有问题，因而本书的文献综述中所探讨的对象（包含文献与学者）必会有所遗漏；因此，人们可以参照其他版本的文献综述，以更为全面地了解国内外社会空间思想研究现状。

1.2.1 国外社会空间理论的研究现状

1.2.1.1 社会空间概念的界定问题

国外学界对社会空间概念的界定具有四种代表性意见。

第一种为哈维的界定。哈维认为空间具有多种类型，如绝对空间、相对空间以及关系空间等；但就空间定义而言，他认为，何谓空间这个定义问题没有一个哲学上的解答，而是必须要人们从实践中予以解释，"'何谓空间'这个问题因此必须被替换成如下问题：'不同的人类实践是如何创造和使用不同的空间诸概念的'"[①]，"（时间和）空间的客观概念必定是通过服务于社会生活再生产的物质实践活动与过程而创造出来的"[②]。换言之，哈维并不认可对社会空间下一个固定的定义。

第二种为列斐伏尔的界定。列斐伏尔从探讨作为"具体的抽象"的社会关系的存在方式这一问题入手，认为社会关系必然具有其特殊

---

① David Harvey: *Social Justice and the City* [M], Oxford: Basil Blackwell, 1973, pp13–14.

② 哈维：后现代的状况：对文化变迁之缘起的探究 [M]，阎嘉译，北京：商务印书馆，2013：255.

的载体（underpinning）并得出了"社会关系的载体就是社会空间"①
这一结论。但对于何谓社会空间，列斐伏尔给出的却是一个模糊的定
义。列斐伏尔，一方面认为社会空间既不同于客观的物又不同于抽象
的符号；另一方面认为社会空间有其原生的基础与派生的基础，所谓
原生的基础是指未经人类改造的自然空间，而所谓派生的基础是指人
化的自然空间②。这样一来，列斐伏尔就把社会空间置于了一个尴尬且
又灵活的境地：谓之尴尬是指，列斐伏尔并未指明，在具体的物与抽
象的符号之间，是否还存在着居于其间的社会空间这一存在状态；谓
之灵活是指，列斐伏尔未给社会空间作具体的定义，实际上给后人探
讨社会空间的定义留下了想象的余地。

　　第三种为赛雅的界定。赛雅通过对脱离物质而独立存在的绝对
空间的否定，以及对与物质相关而又不可还原为物质的相对空间的肯
定，确认了一种类似"之间"的不可还原的关系空间③。换言之，赛雅
创造性地确认了一种基于复数意义上的物质与物质之间的关系空间，
这种关系空间不同于那种基于单数意义上的物质之存在方式的广延性
空间。不难看出，在赛雅看来，不仅物的存在方式包括空间，而且关
系的存在方式也包括空间，并且这两种空间是不同的。

　　第四种为苏贾的界定。苏贾从认识论的把握与本体论的把握这

---

　　①　Henri Lefebvre：*The Production of Space*［M］，Translated by Donald Nicholson-
Smith，Oxford：Basil Blackwell，1991，p404.

　　②　Henri Lefebvre：*The Production of Space*［M］，Translated by Donald Nicholson-
Smith，Oxford：Basil Blackwell，1991，pp402–403.

　　③　安德鲁·赛雅：空间的重要性［A］，德雷克·格利高里、约翰·厄里编：社
会关系与空间结构［C］，谢礼圣、吕增奎等译，北京：北京师范大学出版社，2011：
52–53.

两个层次界定社会空间的概念。基于认识论的把握，苏贾认为，"空间性（社会空间）是一种实体化了的并可以辨识的社会产物，是'第二性'的一部分。当空间性对物质空间和心理空间进行社会化和转换时，'第二性'就会熔合空间性"①。换言之，苏贾认为空间具有三种形式，即客观空间（物理空间或自然空间）、主观空间（心理空间、想象空间）以及社会空间，并且社会空间就是客观空间与主观空间的结合。基于本体论的把握，苏贾认为，空间、时间和存在三者在本体论上具有一种辩证的平衡，并且三者之间毫无孰先孰后的本体论差别。易言之，苏贾认为，社会存在、时间与空间三者具有一种本体论上的始源性，固持任何一方的本体先在性都会陷于错误的本体论泥淖。

1.2.1.2 空间生产相关的问题

列斐伏尔从理论方面入手，认为我们时代的知识兴趣必须从"空间中的物转向真实的空间生产"②，即理论界必须区分物的生产与空间的生产。列斐伏尔，一方面指认了社会关系的生产与物的生产二者间的不可还原性，另一方面又指认了社会关系的载体是社会空间，而物的存在方式是广延性空间，因而社会关系的生产带来的是社会空间的生产，物的生产带来的是物的广延的生产，二者是不等价、不可还原的。此外，列斐伏尔还归纳出关于空间生产的三种启示：第一，自然

---

① 爱德华·W·苏贾：后现代地理学——重申批判社会理论中的空间［M］，王文斌译，北京：商务印书馆，2007：196-197.

② Henri Lefebvre：*The Production of Space*［M］，Translated by Donald Nicholson-Smith，Oxford：Basil Blackwell，1991，p37.

空间的改造是生产社会空间的前提；第二，由每一种生产方式所决定的社会形态必然蕴含一种属于它自己的社会空间；第三，既然每一种生产方式创造属于它自己的独特社会空间，因而生产方式的变迁必然带来社会空间形态的更新。

秉持列斐伏尔把空间生产确认为知识兴趣的原则，哈维则通过把空间生产具体化为当代资本主义生产方式下的城市化实践，创造性地把历史唯物主义升级为历史地理唯物主义。哈维认为马克思的资本积累是一种动态的过程而非一种物，而通过对资本主义城市化的分析，这种动态的资本积累过程能够被揭示出来①。实际上，正如从实践出发界定空间诸概念，哈维也是从实践出发界定空间生产的样态。质言之，作为空间生产的资本主义城市化只是哈维借以分析资本积累的一种理论工具。哈维在分析城市化过程中所提出的诸种空间生产概念，如时空压缩（time-space compression）、建构环境（built environment）、空间整合（spatial configurations）、空间修复（spatial fix）等，均意在指出当代资本主义社会得以幸存的关键在于它的空间生产。通过空间生产，资本主义社会的冲突、矛盾与危机发生了地理或空间层面的转移，从而维持了资本主义社会的持存。

与哈维把城市化这种空间生产视为解读资本积累的理论工具不同，苏贾则把空间生产上升为一种本体论层次上的解读。依据时间、空间与存在三者同存性的本体论原则，苏贾提出了社会－空间的辩证法；对这种社会－空间辩证法的遗忘，一方面导致人们对空间拜物教泥淖的理论恐惧，使他们误以为谈论社会空间对社会存在的制约性就

① David Harvey: *The Urbanization of Capital*［M］, Oxford: Basil Blackwell, 1985, p xvi.

是陷入了一种空间决定论；另一方面，这种遗忘也导致了人们如下的认识，即过于关注"因果首要性的诸种空洞范畴问题，而并没有敏锐地探求解释一种社会–空间辩证的对立、统一和矛盾的结合体"①。秉持社会–空间辩证法，苏贾探讨了资本主义社会与其空间结构之间的关系，认为"资本主义存在本身就是以地理上的不平衡发展的支撑性存在和极其重要的工具性为先决条件的"②。此外，依据社会–空间辩证法，苏贾还探究了当代社会中核心–边缘的关系以及价值的地理转移，有力地证明了社会结构与空间结构之间的相互作用与相互依存。

1.2.1.3　空间正义相关的问题

由于社会空间理论主要兴起于对城市化浪潮的反思，这种理论背景导致空间正义的论题主要围绕着与城市生活相关的权利即城市权利。因而，列斐伏尔、哈维的文本中虽然缺乏"空间正义"的概念，但这却并未妨碍他们的文本充满空间正义的思想。

基于使用价值与交换价值的区分，列斐伏尔认为，城市本来作为一种作品是与使用价值相关的；但由于工业化对城市生活的渗透与主宰，工业化所追求的交换价值直接遮蔽了城市的使用价值。从城市使用价值向交换价值的转换迫使人们对城市的合理性使用转换为对城市的欲望性支配，城市生活成为一种异化的生活。基于此，列斐伏尔提出了城市权利理论。在列斐伏尔看来，"城市权利不是对传统城市的

---

① 爱德华·W·苏贾：后现代地理学——重申批判社会理论中的空间 [M]，王文斌译，北京：商务印书馆，2007：118.

② 爱德华·W·苏贾：后现代地理学——重申批判社会理论中的空间 [M]，王文斌译，北京：商务印书馆，2007：162.

一种简单的寻访或回还的权利。它必须被塑造为转换和更新城市生活的权利"①。质言之，列斐伏尔倡导人们以使用价值的取向塑造城市生活，而非以交换价值的取向使城市生活异化。

早在 1973 年，哈维就认为，在城市和区域规划中，社会正义的原则与空间和地理学的原则之间存在紧密的联系②。此时，哈维初步实现了正义的空间转向，但由于他对空间拜物教泥淖的理论忧惧，他并未提出"空间正义"的概念。对资本主义城市化的持续关注，使他接续并发展了列斐伏尔的城市权利思想。哈维认为，人们在创造城市生活的同时也在塑造他们自身，因而对城市创造过程的控制构成了城市权利的根本内容，即"城市权利是一种对城市化过程拥有某种控制权的诉求，对建设城市和改造城市方式具有某种控制权的诉求"③。与列斐伏尔把城市的异化生活归因于工业化不同，哈维认为资本积累导致了城市生活的异化。因而在哈维看来，对城市化过程的控制权意味着对资本积累，尤其是对资本积累中剩余资本的民主管理。此外，一方面，由于城市权利关涉城市整体生活的权利，它超越了个人或群体层次上的获取城市资源的权利，因而哈维认为，城市权利是一种集体的权利而非个人的权利；另一方面，由于当今高级资本主义社会中的城市已经发生了从早期无产阶级中心化向晚期去无产阶级中心化的转变，因而与列斐伏尔把无产阶级的组织视为实现城市权利的革命主体

① Henri Lefebvre: *Writings on Cities* ［M］, Selected, translated and introduced by Eleonore Kofman and Elizabeth Lebas, Oxford: Blackwell Publishers Ltd, 1996, p158.

② David Harvey: *Social Justice and the City* ［M］, Oxford: Basil Blackwell, 1973, p9.

③ 戴维·哈维：叛逆的城市——从城市权利到城市革命［M］，叶齐茂、倪晓晖译，北京：商务印书馆，2014：5.

不同，哈维把实现更大范围的成员（如无产阶级、不稳定的无产阶级、无家可归者、有色人种等）之间的联盟视为实现城市权利的革命主体。

基于列斐伏尔城市权利思想在英语国家的引入以及哈维所实现的正义之空间转向，以考察资本主义城市现实生活为基础的实证性研究以及以探究城市权利为焦点的空间正义思想逐渐进入西方学者的理论视野，空间正义的研究文献如雨后春笋般层出不穷。

与哈维把城市权利具体化为对城市化过程的控制权不同，唐·米切尔（Don Mitchell）把城市权利与空间权利具体化为对城市公共空间的权利。通过反思并总结美国在公共空间追求城市权利的一系列实践经验，米切尔认为，"一定意义上，公共空间就是正义的空间"，因为"公共空间不仅是城市权利斗争的场域，而且也是城市权利得以施行和表征的地方"①。质言之，米切尔认为，城市权利作为一种公共权利，它的表达与实现不仅需要一定的权利话语体系，而且更需要传达这些话语体系的真实空间，而城市公共空间无疑就是最为契合这种传达权利话语与践行权利斗争的真实空间。

苏贾回顾了西方空间正义的思想史，在此基础上梳理出西方空间正义研究三条相互交织的路径：第一种路径源自威尔士社会规划师布勒迪·戴维斯于 1968 年开辟的领地正义研究；第二种路径源自列斐伏尔开辟的城市权利研究；第三种路径源自空间正义的概念化探究。基于这种思想史的总结，苏贾从两个层面进一步拓展了空间正义的研究：一方面，基于本体论层面的探究，他认为社会与空间之间的辩证

---

① Don Mitchell：*The Right to the City—Social Justice and the Fight for Public Space*［M］，NY：The Guilford Press，2003，p235.

关系为空间正义的本体论基础；另一方面，基于经验实证层面的探究，他把空间正义具体化为四种空间形态范围中的空间布局，即家庭中的、城市中的、区域和环境中的以及全球范围内的空间布局[①]。质言之，苏贾为空间正义的研究提供了特定的理论基础与理论框架。

1.2.2 国内社会空间理论的研究现状

在马克思主义看来，理论能否在一个国家生根发芽，取决于这个国家对该理论的需要程度。社会空间理论之所以能成为当代中国理论界的一个重要理论生长点，原因就在于它满足了当代中国飞速发展的城镇化的理论诉求，并且能为推动正义型城镇化提供建设性的理论支撑。

与技术移植类似，国内社会空间理论的兴起可谓一种理论移植，并渐趋为国内马克思主义理论的新生点。本书认为，当前国内社会空间理论的研究现状主要有三种特征：第一，翻译和评介西方社会空间理论，为社会空间理论说中国话打下学术层面上的文本与学理基础；第二，创建西方社会空间理论与马克思恩格斯空间思想的对话平台，以此建构当代中国马克思主义社会空间理论；第三，架构社会空间理论与当代中国城镇化二者互相审视的桥梁，以此实现用理论关照现实、用现实检验理论这一理论与现实相统一的研究旨归。至于文献梳理，本书将同样依据前述三类问题进行相关的综述。

---

① 黄其洪：爱德华·索亚：空间本体论的正义追寻 [J]，马克思主义与现实，2014（3）：68–74.

1.2.2.1 社会空间概念的界定问题

国内学者对社会空间概念界定主要有以下四种情形:

第一种为潘可礼的主张,在空间是物质的存在方式这一观点的影响下,他认为"社会这种运动的物质也有其空间方式,即社会空间是人类社会活动的广延性与伸张性,是人的物质生产实践活动的存在方式"①。质言之,潘可礼认为,社会空间是社会实践的存在方式。此外,从"社会这种运动的物质"可以看出,潘可礼是从物质的角度理解社会运动、社会实践。

第二种为王晓磊的主张,他通过探究社会空间与自然空间、精神空间、社个人空间以及社会时间的关系,认为社会空间"本质上是人类实践活动的产物,它由物质性社会空间和精神性社会空间两部分组成"②。质言之,王晓磊认为,社会空间是包含物质性社会空间与精神性社会空间的复合型空间。值得一提的是,这种观点也为张之沧教授所主张,他认为,社会空间包括"人类所创造的各类光彩夺目的文化空间和诸多美不胜收的艺术空间,并充分体现物质空间、社会空间和文化艺术空间的融合与统一"③。总之,二人认为,社会空间是主观空间与客观空间二者复合而成的空间。

第三种为李春敏的主张,她区分了本体论层次上的社会空间与认识论、价值论意义上的社会空间,并指认后者为她的研究对象。她认为,社会空间是"社会运动的空间延展,是社会系统各要素之间的相互作用、相互影响的空间";这种社会空间既包含人化的自然空间,

---

① 潘可礼:社会空间论 [M],北京:中央编译局出版社,2012:5.
② 王晓磊:社会空间论 [M],北京:中国社会科学出版社,2014:111.
③ 张之沧:论空间的生产、建构和创造 [J],学术月刊,2011,43(7):30–36.

又包含抽象的社会关系空间①。此处，所谓抽象的社会关系空间既具有实在性又具有抽象性：实在性是指社会关系空间以实在的自然空间为基础；抽象性是指社会关系空间体现在它是人与人通过结成一定的社会关系组成的空间。李春敏认为，从认识论上看，社会空间是包含人化自然空间与社会关系空间的复合型空间；但从本体论上看，社会空间就是人化的自然空间。

第四种为王金福的主张，他通过坚持空间是物质的存在方式这一辩证唯物主义的论点出发，认为"社会存在是物质的高级存在方式，它必然也具有空间的存在方式，这个存在方式称之为社会空间"②。质言之，王金福基于辩证唯物主义的物质本体论，认为社会存在本质上是一种高级物质，进而推论出作为社会存在之存在方式的社会空间本质上必然等同于物质之存在方式的空间。

1.2.2.2　空间生产相关的问题

就空间生产相关的问题而言，国内理论界主要存在下述四种主张：

第一种为李春敏的主张，她认为，马克思主义的空间生产需要从理论与实践两个层面予以阐释。在理论层面上，空间生产主要生产三个维度的空间：物理－地理维度的空间、社会－经济维度的空间以及文化－心理维度的空间；在实践层面上，空间生产主要包括全球空间生产、城市空间生产与微观空间生产③。

---

① 李春敏：马克思的社会空间理论研究 ［M］，上海：上海人民出版社，2012：11-12.

② 王金福："空间、空间生产"五问—对张之沧教授几个观点的质疑 ［J］，学术月刊，2012，44（1）：22-28.

③ 李春敏：马克思的社会空间理论研究 ［M］，上海：上海人民出版社，2012：72-73.

　　第二种为王晓磊的主张，他基于历时态与共时态相交融的角度阐释了四种社会（原始社会、农业社会、工业社会以及信息社会）中的空间形态及其样式①。在这种阐释中，他实际上阐释了四种空间生产方式，即原始社会的、农业社会的、工业社会的以及信息社会的空间生产方式。

　　第三种为孙江的主张，他把空间生产界定为一种特殊的生产方式，继而把空间生产区分为空间生产力与空间生产关系两个层次。所谓空间生产力是指生产各种空间产品的能力，可分为聚合性空间生产力、物质性空间生产力、配置性空间生产力这三个层面；所谓空间生产关系是指人们在生产空间产品过程中所建构的经济关系，可分为空间的占有、分配、流通和消费这四个方面。需要指出的是，卢嘉瑞早在 1993 年就提出过空间生产力的概念，在他看来，空间生产力是指人类征服空间、利用空间的能力②。

　　第四种为庄友刚的主张，他是从辩证唯物主义关于空间是物质之存在方式的论点出发推导出他的空间生产论点的。他认为，人类历史首先是生产物质生活资料的历史，而既然空间是物质的存在方式，因而人类历史必然同时包括生产物质的空间维度的历史，即"空间生产的历史逻辑与人的发展的历史逻辑密切相关"，"空间生产的历史逻辑是人的发展的历史逻辑的特定表现，两者具有根本的一致性"；基于此，他区分了空间逻辑与资本逻辑，认为正是资本逻辑扭曲了当代空间生产的为人倾向③。由于他把空间界定为物的存在方式，因而在他看

---

① 　王晓磊：社会空间论［M］，北京：中国社会科学出版社，2014：172.
② 　卢嘉瑞：论空间生产力［J］，吉林大学社会科学学报，1993（2）：73-80.
③ 　庄友刚：空间生产与资本逻辑［J］，学习与探索，2010（1）：14-18.

来，空间生产本质上是一种物质生产，只不过它是一种特殊类型的物质生产；空间生产的特殊性就表现为空间维度在当代物质生产过程中的凸显。

1.2.2.3 空间正义相关的问题

关于空间正义相关的问题，国内理论界主要存在以下三种主张：

第一种为任平的主张。通过反思当代城市化中的空间问题，他认为，公民自由地享受空间权益应是其基本人权之一，空间正义就是对享受空间权益性的权利的理论反映。任平认为，空间正义指"存在于空间生产和空间资源配置领域中的公民空间权益方面的社会公平和公正，它包括对空间资源和空间产品的生产、占有、利用、交换、消费的正义"[①]。通过坚持任平的空间正义主张，孙江阐释了当前中国构建空间正义应予以注意的四个维度，即实现居住空间正义的维度、协调各方利益的维度、重视空间消费化与符号化的维度、平衡人与自然关系的维度。

第二种为潘可礼的主张。他认为，当前空间非正义现象主要表现为自然空间中的生态危机、社会空间的极化与隔离以及赛博空间（网络空间或虚拟空间）的扭曲、异化这三种空间危机。就空间正义而言，他认为，普遍正义原则是空间正义的伦理基础，并且"唯有以历史地理唯物主义为指导，从道德伦理、法律政策和共产主义革命三个维度着手"，"才能最终构建出正义、公平的社会空间"[②]。

---

① 任平：空间的正义——当代中国可持续城市化的基本走向［J］，城市发展研究，2006，13（5）：1–4.

② 潘可礼：社会空间论［M］，北京：中央编译局出版社，2012：220.

第三种为王志刚的主张。他认为，当代空间正义研究者虽然"提供了多元的视角和重要的思想素材，但他们的共同缺陷在于空间范畴主体维度的相对缺失或内隐"；基于这种理论反思，他从主体性角度剖析了空间正义，指出"社会主义空间正义的实质是平衡与和谐，是体现不同主体之间空间利益博弈的平衡和不同政治价值取向之间选择的平衡"[①]。凭借这种主体性维度的空间正义，王志刚认为，"社会主义空间正义的核心是作为主体的人的全面发展，以提高人类生活质量和与之相伴的社会不断进步为目的，把满足当代人与各代际人的均衡、持久的需求作为空间生产实践的中心任务，强调人的素质提高和全面发展，反对以物与物（空间）之间的关系遮蔽人的做法"[②]。为实现这种主体维度的空间正义，王志刚认为，当前中国应注意实现不同空间价值取向之间的平衡，应注意协调空间权益公正和空间发展效率之间的关系，应注意强调对空间强势群体的制约和对空间弱势群体的扶持。

1.2.3　国内外社会空间理论研究现状的比较

如上所述，国内外理论界关于社会空间、空间生产、空间正义这三类问题的见解大相径庭。对文献综述者而言，如何合理地评介这些互有差异甚至是对立的理论观点，是其梳理文献后所必须面对的问题，是其梳理文献的研究旨趣，亦是其进一步研究的理论平台。

---

① 王志刚：论社会主义空间正义的基本架构——基于主体性视角［J］, 江西社会科学，2012（5）: 36-40.

② 王志刚：空间正义：从宏观结构到日常生活——兼论社会主义空间正义的主体性建构［J］, 探索，2013（5）: 182-186.

1.2.3.1　社会空间概念问题的国内外研究现状比较

就那些主张社会空间具有基本定义的理论而言，它们的共同处是，它们皆从属性而非实体的角度界定空间。所谓作为载体、存在方式、广延性和伸张性的空间，指的均是依赖于某种存在的属性空间，而非实体空间。

它们的差异则表现为把空间属性划归为不同的存在主体。赛雅认为，关系固然由物质组成但又不可还原为物质，因而关系必然有其空间维度，即空间是作为关系之存在方式的关系空间。王金福等持辩证唯物主义一元论的学者认为，社会空间是社会存在（一种高级物质）或社会物质的存在方式。李春敏虽然指出了社会空间包含社会关系空间，但她却把社会关系空间的基础定位于由抽象的社会关系所中介了的实在的自然空间；质言之，在她那里，社会空间（包含社会关系空间）基本上被界定为人化的自然空间，而自然空间实际上就是指作为物质之存在方式的空间。王晓磊与张之沧均把社会空间理解为由主观空间与客观空间共同构成的复合型空间，这实际上是混淆了空间的认识论把握与空间的本体论把握而导致的理论表达。潘可礼把社会空间界定为社会运动、社会实践或社会生产的存在方式，他所面对的问题就是如何界定社会实践。社会实践可被分解成社会物质、社会工具、社会关系、社会意识等部分，如果说社会空间是社会物质、社会工具的存在方式，那么它就要回到王金福的观点，如果说社会空间是社会关系的存在方式，那么它就要回到列斐伏尔的观点，如果说社会空间是社会意识的存在方式，那么它就要回到张之沧、王晓磊等人的观点。而潘可礼认为社会空间是社会实践的存在方式，因而他就是综合了上述若干种社会空间的定义。但与此同时，潘可礼又把社会运动视为物质，由此可知，潘可礼对社会空间的界定存在着表意层面的混淆。

综上，本书认为，从属性角度而非实体角度出发阐释社会空间，这样一种取向是符合当今社会科学的认识成果的。它们的问题是：首先，他们并未清晰地阐释"存在方式"的内涵，这就容易使人们把存在方式狭义地理解为广延，而忽视了存在方式的其他维度；其次，王晓磊、张之沧并未清晰地区分社会空间的本体论把握与认识论把握，这是导致它们认为社会空间是由主客观空间复合而成的主要原因；再次，王金福等辩证唯物主义一元论者并未清晰地阐释社会存在的内涵并且他们坚持把本体论上的客观实在等价于物质，其结果就是他们把作为广义客观实在的社会存在等同于作为狭义客观存在的物质，最终导致他们简单地把空间理解为物的存在方式；最后，列斐伏尔、赛雅等人虽然看到了社会关系的空间，然而其代价则是基本上忽视了作为物之广延性存在方式的空间。

1.2.3.2　空间生产相关性问题的国内外研究现状比较

就空间生产的相关问题而言，国内外理论界有一个共同点，即均把空间生产的实证性研究界定为对资本主义空间生产的反思和批判。其原因在于，全球化现状下资本主义生产方式的主导型地位使其衍生的资本主义空间生产成为研究者所聚焦的空间生产类型，由此成为当前社会空间理论文献的重要阐释对象。其后果就是导致两种理论忽视：一方面，它们忽视了对社会主义空间生产的研究，其原因可归因于缺乏研究中国社会主义空间生产道路的理论自觉；另一方面，它们忽视了对历时态维度的空间生产的追溯，其原因既可归因于历史资料的欠缺，又可归因于人们对研究共时态维度的空间生产的偏爱。当然，对历时态的空间生产研究也不是没有。例如，列斐伏尔就提到了社会形态与空间生产之间的关系，王晓磊则接续了列斐伏尔的观点，进一步详述地阐述了四种社会形态与其对应的社会空间、空间生产之间的关系。

国内外理论的差异主要表现为：一种是基于关系的空间生产，一种是基于物的空间生产。国外学者列斐伏尔、苏贾主要探讨了以社会关系为基础的空间生产，如列斐伏尔的核心 – 边缘、城市与乡村之间的空间生产以及苏贾的地理不平衡、价值的地理转移等空间生产。国内学者任平则主要探讨了以物为基础的空间生产，如住宅这种常见空间产品的生产及其分配。而对社会空间定义基本持灵活态度的哈维则把空间生产界定为关于公路、铁路等交通道路以及房子等物质性产品的生产，与国内把空间生产界定为物的生产是类似的。

综上，本书认为，受限于共时态维度的资本主义空间生产的强势地位，关于空间生产的话语理论主要集中于反思和批判资本主义的空间生产，而忽视了对社会主义空间生产或其他空间生产的研究。这是国内外理论界关于空间生产研究的共同之处，也可谓它们的共同缺陷。当然，需要指出的是，并非所有学者都忽视了对非资本主义空间生产的研究，如列斐伏尔、王晓磊；但就社会主义空间生产而言，它的研究在理论界尚处于起步阶段。此外，关于空间生产研究的两种差异性方式为：一种关注基于关系性的空间生产，另一种关注基于物质性的空间生产。但实质上，这两种研究方式绝非彼此对立，而是应该相互补充。

1.2.3.3 空间正义相关性问题的国内外研究现状比较

就空间正义的相关问题而言，国内外理论界的共同点主要是，他们均很少借鉴价值论的研究成果，而是直接地通过阐释和批判实证性或经验性层面的空间非正义现象，继而推导出相应的空间正义理论。它们的差异之处主要表现为：列斐伏尔、苏贾二人由于研究关系性的空间生产，因而他们的空间正义理论主要关涉核心 - 边缘、城市与乡村等不平等关系空间的生产所带来的空间非正义现象；而任平、王志刚、孙江等中国学者由于研究物质性的空间生产，因而他们的空间正义理论主要关涉空间产品在生产、交换、分配和消费层面上的非正义现象。

本书认为，当前空间正义的研究路径主要有两种。一种是从现实生活中的空间非正义现象出发研究空间正义的运思路径，这种研究路径实际上先行地预设了现实生活中的空间生产就是非正义的。但为什么现实的空间生产都是非正义的？其原因在于这些研究者不约而同地把空间生产等价于资本逻辑或至少是受资本逻辑所主导的生产。另一种则是先行地预设空间生产的正义性。例如，庄友刚在强调空间生产与资本逻辑的区别之后，指出了空间生产本质上的为人性。这就走向了另一个极端，即把空间生产的本质预设为为人的即正义的，只是随着资本逻辑的出现及其对空间生产的统摄，为人的空间生产才异化为敌视人的空间生产。这样两种对空间生产的先行预设，乃是源于他们并未彻底地贯彻理解空间正义的实践原则。从实践原则看，空间生产既不是天然正义的，也不是天然非正义的，它的正义性是随物质生产方式的变动而变动的。

1.3　本书的意义、方法、结构与创新

1.3.1　本书的选题意义

本书研究社会空间问题，其理论意义有三：（1）从文献角度看，本书在尝试探究马克思恩格斯社会空间思想的基础上，概括出社会空

间理论发展脉络的三阶段论，即马克思恩格斯的开创阶段、列斐伏尔的激活阶段以及当代研究者的拓展阶段。这构成了本书的第一层理论意义。（2）从空间认知史看，本书追溯了西方空间思想史的变迁，认为马克思恩格斯社会空间思想是对前人空间思想的继承和发展，从而为马克思主义与西方思想史的接榫架设了一种空间维度的桥梁，这样就开启了马克思主义空间思想与西方空间思想史的对话。这构成了本书的第二层理论意义。（3）从当代世界范围内的空间生产境况及其发展趋势看，本书既从社会空间理论出发审视和批判了资本主义空间生产，而且同样以此理论审视了当代中国的社会主义空间生产，在此基础上对二者进行了理论与现实的辨析。这构成了本书的第三层理论意义。

本书通过反思当代中国空间生产现状，指出了当代中国存在着城市病、空间失衡、空间剥夺等阵痛。为缓解这种阵痛，本书提出了三种针对性措施：其一，从单赢全球空间生产转向共赢全球空间生产；其二，从效率导向型空间生产转向公平导向型空间生产；其三，从统治型空间规划转向治理型空间规划。这三条措施可视为本书的实践意义。

1.3.2　本书的研究方法

方法是指导如何构思文本以及如何写作文本的关键。本书在写作过程中遵循了多种方法。

首先是文字考古学的方法①。关于空间有无现实起源的问题，可细

---

① 赵汀阳曾用"文字考古学"方法考察了哲学中的第一个否定字"不"的出现，本书把这种方法借用到对空间术语的考察上。参见赵汀阳：第一个哲学词汇［J］，哲学研究，2016（10）：101-109.

分三个问题：其一为空间术语有无现实起源的问题，其二为空间理论有无现实起源的问题。其三为空间转向有无现实起源的问题。运用文字考古学方法的目的是证实空间概念存在着现实的起源。文字考古学是通过考察概念的形成及其演变证实某种思想的方法，其理论前设是文字记载着人们的生活印迹。就此而言，无论是当代中国空间术语，还是西方空间术语，它们都是人们实践生活的产物。例如，通过考察中国古人的实践生活以及在此基础上时空术语的形成历程，它显示：古人对宇宙概念的发现经历了四个阶段：方位实践（如日出而作、日落而息的活动）–方位经验的形成（如东西的方位意识）–非整体性方位概念的形成（如东西的方位概念）–统摄诸方位概念的普遍空间概念（如宇宙概念的形成）。质言之，空间术语不是凭空产生的，而是产生于人们的空间生活。

其次是实践诠释学的方法，即从实践解释特定对象的方法。马克思主义认为，实践是解开理论起源之谜的锁钥。这条原理揭示了空间相关问题的现实起源。就空间而言，它是否有着特定的现实起源？如果有，我们如何发现这种现实起源？本书正是根据这条原理，尝试探索了空间理论与实践之间的奠基性关系。空间理论不同于空间概念，前者是后者的系统化，后者是前者的基础。为了便于研究的展开，本书将西方空间理论划分为若干种主导性的空间理论如亚里士多德的处所理论、牛顿的绝对空间理论、康德的直观空间理论等，并以此为据探讨了其与当时实践（这种实践有时表现为生产方式，有时表现为科学技术，有时表现为实践形塑的文化制度）之间的关系。在研究过程中，本书提出了这种观点：特定时代的实践通过塑造特定的思维方式，继而促成相应的空间理论。

再次是文献考察的方法。正如文字烙印了空间生活的经验，空间文献沉淀了特定主体的空间思想。考察特定主体的空间思想离不开对其空间文献的考察。文献考察当然不是文字层面的原样重述，其目的，在本书看来，主要有五个：其一，力图将思想奠基于作者的真实文本之上，避免对作者的主观臆测；其二，将作者分散的、杂乱的思想归纳成一个整体性的理论框架；其三，将作者所作的描述性论断提炼成明确的规范性论点；其四，对作者的论断作出合乎逻辑的推论，阐释其中所蕴含但未被阐发出来的思想；其五，立基于文献，对作者理论的历史意义与理论意义作出恰当的评价。就此而言，本书高度重视文献考证，力图从文献自身出发寻找印证本书思想的内容，避免主观臆断与主观强加。例如，在对马克思恩格斯空间思想的挖掘方面，本书高度重视对其文本的梳理，在介绍和阐释他们的空间思想之余，一方面力图作出合乎逻辑的观点或推论，另一方面力图合理地评价他们的空间思想。

最后是理论与实践相统一的方法。马克思主义强调理论与实践的互指关系，强调理论指导下的规范性实践以及基于实践的生活理论。实践离开理论的支撑，难以走得长远、站得持久；理论离开实践，难以走进生活、贴近人心。就此而言，研究空间理论绝不能限于单纯地证实若干条空间原理或空间思想，还应将空间论点或空间原理运用于对现实空间生活的反思与批判，从中开掘从空间维度寻求新生活的可能路径。本书第四章对当代中国社会空间的探索反映出本书力求直面当代中国空间生活的写作意图。通过将所学的社会空间理论运用到对当代中国空间生活的反思与批判，本书指出了当代中国空间生产所承载的历史意义、所直面的空间阵痛以及追寻空间正义的可能路径等。

1.3.3 本书的写作结构

本书题名为"社会空间问题研究",顾名思义就在于研究"社会空间问题"。总体而言,本书主要研究三类社会空间问题:西方空间发展史问题,社会空间的自身探索问题,当代中国社会空间的审视问题。社会空间的转向问题不仅仅限于社会空间自身的转向问题,它还包括解释各种空间演变的现实起源问题。社会空间的自身探索问题,主要是阐释和评价马克思恩格斯以及当今国内外社会空间理论研究者对社会空间的探索。社会空间理论的现实运用问题主要在于将社会空间理论运用到对当代中国的审视,提供一个审视当代中国发展现状的空间视野。具体而言,本书主要分为以下五章:

第 1 章"绪论",主要目的在于介绍本书的选题缘由、本书的方法以及本书的相关文献综述等内容。通过这种介绍,绪论为论文的正式展开提供了一个铺垫。

第 2 章"社会空间转向的前史",主要目的在于以实践为基础梳理西方空间理论的变迁。具体来讲,本章一方面介绍了空间术语的起源与人们实践生活之间的勾连。另一方面,本章探讨了实践、思维方式与空间理论三者的统一性关系。在此基础上,该章书写了基于实践的空间沿革。

第 3 章"社会空间思想研究的探索历程",主要探讨马克思、恩格斯、列斐伏尔、哈维、苏贾、庄友刚、王晓磊、李春敏等人对社会空间理论的探索。在此过程中,阐释了社会空间转向的现实起源及其理论价值,评价了马克思恩格斯及其之后的国内外社会空间理论研究者在社会空间理论发展史的地位,并与此同时回应了关于社会空间理论的若干误解与质疑。

第4章"社会空间理论视域下的当代中国"，主要运用相关社会空间理论审视当代中国的空间发展现状，提供一个反思当代中国空间生产现状的空间视野。其中主要阐释了当代中国空间生产所肩负的历史使命、其直面的空间阵痛以及寻求空间正义的可能路径。

第5章"结论与展望"，主要目的在于对全书做一个总结，并在此基础上提出了未来的研究前景。其中，全书的突出结论主要有四种：其一，基于实践的空间演变史；其二，社会空间理论发展的三阶段；其三，社会空间理论研究的中国化；其四，社会空间理论中四大概念的基本规定。未来研究的前景包括三个方面：其一，直面当代中国的空间问题，构建属于当代中国的社会空间问题域；其二，建构反映当代中国空间问题的空间话语，从而摆脱西学话语主导的学术研究态势，建立当代中国的社会空间话语体系；其三，加强社会空间批判与价值论的融合性研究，建构当代中国的空间价值论。

1.3.4　本书的理论创新

本书的理论创新主要表现为下述三个方面：

其一，本书第一章自觉地按照实践原则书写西方空间演变史，从而在空间思想史的梳理层面有所创新。面对多样性的西方空间及其转向，现有的文献论著要么集中于按照某种单一的"非实践原则"如时间顺序、学派划分、学科视角等，要么按照各种"非实践原则"的融合，组织空间转向史的梳理。在这些文献中，空间转向史的梳理如果有实践原则的指引，那么这也是非系统的。本书在借鉴、反思已有文献的基础上，试图揭示诸种空间术语、空间理论及其演变的实践起源，由此书写基于实践的西方空间演变史。例如，亚里士多德的处所空间形成于希腊半农半商的生产方式，康德的直观空间形成于资本主义的生产方式。这种书写提供了一条新的整理西方空间理论发展的线索，并且能同时呼应马克思关于实践是解开理论之谜的主张。

其二，本书自觉比较了当代国内外的社会空间研究文献，赋予二者平等的文献地位，从而在国内外文献整合方面有所创新。在现有的社会空间研究文献中，国内外文献实际上处于一种非对称的状态。例如，一方面，国外文献基本上不引用国内文献；另一方面，国内文献虽然会在文献综述或观点论述方面提及国内学者的研究成果，但在以章节标题为标志的介绍中一般只阐释列斐伏尔、哈维、詹姆逊或苏贾这些国外学者的理论成果，并不会阐释国内学者的理论成果。但是，本书在阅读文献过程中发现，国内文献在社会空间概念的基础研究方面以及在马恩原著的空间思想挖掘层面并不会差于国外文献。例如，刘文英对中国传统空间概念的实践起源层面作出了开创性的贡献。再如，在社会空间的本体论探讨层面，庄友刚、张之沧、王金福等学者就作了比较积极的探讨。又如，在马恩原著的空间思想挖掘层面，国内学者也作出了自己的贡献，如胡潇的原著研究就有值得借鉴之处。由是之故，本书高度重视国内的社会空间研究文献，这种重视既体现在文献综述中的国内外文献对比，也体现在第二章"国内外社会空间理论纵览"的章节中。由于坚持这种平等对待，本书除马克思恩格斯之外，取消了以国外研究者为标题的做法，转而用国内外研究者统一指称。

第三，本书重视社会空间理论研究中概念的微观辨析，注重探讨概念的规范性含义，从而在概念内涵的厘定方面有所创新。例如，就社会空间的概念探讨而言，本书赋予了社会空间一个新的含义。总体而言，在当前国内外文献中，关于社会空间具有多种定义，如关系论的定义、物质属性论的定义、主客观兼具的混合性定义。本书在反思这些定义的基础上，提出了一种新的定义，即社会空间是"人们通过改造特定物质而形成的客观空间"。这种定义包括了作为物质属性的广延性空间（即传统的定义："空间是物质的存在方式"），并且能够接纳"城市空间"这类权利空间以及"赛博空间"这类虚拟空间。再如，本书对当代中国空间生产进行了细致的梳理与探讨，给出了一个符合中国实情的定义。所谓当代中国空间生产，在本书看来，是处于纯资本主义空间生产与纯社会主义空间生产之间并逐渐趋于后者的空间生产类型。这种历史定位决定了当代中国空间生产既要满足社会公益又要满足资本私益的双重特性，最终要朝着体现社会主义本质要求的方向前进。

1.4　关于若干概念的说明

1.关于"实践"概念的说明。本书多次申明"实践是解开空间起源与空间转向之谜的锁钥"，此处所谓的"实践"是一种广义的概念，泛指人们的活动方式。具体而言，本书所用的"实践"概念具有五种含义：第一种是生活型实践，这种实践既可是无意识的（如最初的方位实践），也可是有意识的（如方位经验）；第二种是生产方式，如半农半商的希腊生产方式、资本主义的生产方式、社会主义的生产方式等；第三种是探索自然的科学技术，如近代以来兴起的化学技术、物理技术等；第四种是空间维度的实践，如城市规划、新农村规划、社会主义空间生产、资本主义空间生产等；第五种是文化层面的制度性实践，如基督教运动。

2. 关于"马克思恩格斯"概念的说明。在李春敏的博士论文中，尽管她认为马克思与恩格斯的社会空间思想不能截然分开，但她在称呼上仍然用"马克思的"这一称呼取代了"马克思与恩格斯的"。例如，就其论文标题而言，她用"马克思的社会空间理论研究"取代了"马克思与恩格斯的社会空间理论研究"。在本书看来，这种命名对作为马克思亲密战友的恩格斯是不公平的。是以在称呼马克思与恩格斯的空间思想方面，本书并未将其缩略为"马克思的社会空间思想"。当然本书也不会将其统称为"马克思主义的"，因为对于本书阐释属于马克思、恩格斯社会空间思想的意图而言，"马克思主义的"这一称呼不能区分开马克思、恩格斯的社会空间思想与其他马克思主义者的空间思想。由于这两个方面的原因，本书将马克思与恩格斯的社会空间思想简称为"马克思恩格斯的社会空间思想"。

3. 关于"当代中国"概念的说明。如无特别说明，本书所指当代中国均为 1978 年之后的中国。

4. 关于"空间社会"概念的说明。正如消费社会理论根据生产主导性与消费主导性的特征分别宣称"生产社会"与"消费社会"一样，本书根据物质生产与空间生产的特征分别宣称了"物质社会"与"空间社会"。具体言之，当代社会的生产类型正由物质生产转变为空间生产；那么，我们可以推测，当代社会的社会类型也正由物质社会转变为空间社会。各种交通道路如桥路、公路、铁路、海路、航路等的建设，各种住宅如商品房、保障房、别墅区等的建设，以及各种区域如城市、乡村、风景区等的空间规划等，均可视为空间社会的显著标志。可以说，空间社会的到来使人们看待社会的方式发生了重要的变化：人们不再把目光单纯地聚焦于空间中的物，而是更多地聚焦于空间本身。此外，"空间社会"可英译为"spatial society"。

第 2 章　社会空间转向的前史

　　空间是人类存在方式及其变迁的一个基本维度，亦是探究人类历史及其形态演进的一个基本视域。正是在人类存在方式变迁与历史形态演进的意义上，空间必然发生着思想史层面的嬗变。从空间思想史层面看，亚里士多德的处所理论是对希腊诸种空间思想的集大成，但它最终被牛顿的绝对空间所替代；而作为当代最有影响的牛顿空间观也受到了多方面的质疑与批判，如康德的直观空间理论以及爱因斯坦的相对论空间理论就是对其进行质疑与批判之后的理论产物。再如，20 世纪两位思想家所开启的空间理论，即海德格尔的存在论空间与福柯的另类空间，皆为质疑近代空间思想而产生的新空间理论。包含前述这些空间概念在内的西方空间思想变迁构成了一部蔚为壮观的空间演变史。以实践为基础梳理这种空间演变史即构成为本章的主要任务。由于这种演变史大致是社会空间转向之前的思想史，因而可称之为"社会空间转向的前史"。

2.1　实践：破解空间谜题的钥匙

空间问题构成了人类思想史上的经典谜题。本节主要探讨其中的两个子谜题：其一，空间术语的形成之谜；其二，西方空间理论的梳理之谜。这两个谜题能否用人类的实践活动予以解释呢？本书认为，答案是肯定的。

2.1.1　实践：破解空间术语形成之谜的钥匙

马克思认为，"全部社会生活在本质上是实践的。凡是把理论引向神秘主义的神秘东西，都能在人的实践中以及对这个实践的理解中得到合理的解决"[①]。空间术语作为人类理智活动的产物，它的形成与发展受到了人类实践的制约。它们的形成，像任何其他人类思想、观念或意识的生产一样，"最初是直接与人们的物质活动，与人们的物质交往，与现实生活的语言交织在一起的"[②]。人类的物质活动与物质交往迫切需要语言符号的介入，从而促成人与人之间更有效率的交流。作为一种特殊的语言符号，空间术语的主要功能是"被用来概括各种空间经验，并将诸种经验作统一的解释"[③]，从而使个体经验层面上的特殊性空间经验成为共同体层面上的普遍性空间概念。质言之，人的实践生活形成了众多的具体空间经验，在空间经验基础上萌发的空间意识经过人的主体性反思演变成了抽象的、普遍的空间概念，反

---

① 马克思恩格斯选集（第一卷）[M]，北京：人民出版社，1995：56.
② 马克思恩格斯选集（第一卷）[M]，北京：人民出版社，1995：72.
③ 吴国盛：希腊空间概念 [M]，北京：中国人民大学出版社，2010：1.

过来进一步便利了人与人之间的空间交往活动。

从实践角度解释空间术语的形成之谜，有助于克服两大不当倾向：一方面，它有助于克服空间认识上的纯客观主义倾向，即有助于克服把空间术语误当成机械唯物主义机械地反映外界的产物；另一方面，它有助于克服空间认识上的纯主观主义倾向，即有助于克服把空间术语误当成唯心主义层次上主观任意构造的产物。从实践的立场解释空间概念的缘起，实际上是指，"人的意识感于外而思于内，逐渐形成了各种各样的时空观念"①。

从实践维度破解空间术语形成之谜，凸显了感性空间经验向理性空间概念的飞跃路径，这契合了中西空间思想史上早期空间术语的发展历程。

从中国语境看，我们的祖先经历了方位观念缺失（《淮南子·齐俗训》云："古者民童蒙，不知东西"）向方位观念渐趋成熟的过程。由于先人们需要对实践生活中物体的位置进行辨析，因而他们逐渐形成了左右、上下、前后与东西这些相对简单、常用的方位概念。由于东西方位概念可以根据太阳的日出日落这个明显的自然标志来确定，而南北方位概念由于"缺乏明白明确的标志"，从而后者的发现"必定要晚得多"②。对于古人来说，前后、左右、上下、东西、南北等方位概念的形成，不仅极大地便利了他们的物质生活与交往活动，而且也为未来空间概念的发展奠定了概念基础。直接地来看，这些方位概念仅仅标志着对若干方位经验的理性认识，但它们尚未构成一个统摄各种方位的整体性空间概念。把这些方位概念统摄成一个整体性

---

① 刘文英：中国古代的时空观念［M］，天津：南开大学出版社，2000：2.

② 刘文英：中国古代的时空观念［M］，天津：南开大学出版社，2000：23.

的空间概念，正是春秋战国时期以及其后时代的理论任务。春秋战国时期，《管子·宙合》云："天地，万物之橐；宙合又橐天地"，此处"合"指四方上下，即指一般的空间；《文子·自然》云："往古来今谓之宙，四方上下谓之宇"，此处"宇"已经代替"合"指称一般的空间。从春秋时期伊始，"宇宙"这一概念已经成型，并且"在近代西学大量传入之前，中国哲学家大多用'宇宙'表示空间时间"①。总之，通过考察中国古人的实践生活以及在此基础上时空概念的形成历程，我们发现，古人对宇宙概念的发现经历了四个阶段：方位实践（方位经验的缺乏）－方位经验的形成－非整体性方位概念的形成－统摄诸方位概念的普遍空间概念即宇宙概念的形成。这种考察揭示出：古人的空间认识生发于特定的社会实践，是对客观对象的空间特性、空间形式和空间建构的反映。易言之，空间并非人脑中的先天形式，亦非认识主体的主观臆造，而是人们认识特定实践之空间特性的产物，因而，空间的起源没有任何神秘之处。

从西方语境看，希腊人同样是根据实践生活中的经验提出相关的空间概念。据吴国盛考察，希腊语言中与空间相关的概念有四个：τοποζ（拉丁文为 topos）、χωρα（拉丁文为 chora）、κευου（拉丁文为 kenon）、διατημα（拉丁文为 diastema）②。首先，就 topos 而言，它最早出现于巴门尼德的残篇第 8 中，其后在芝诺与高尔吉亚那里得到了进一步的阐释。这三者都把 topos 界定为"位置"或"场所"，"希腊人认为物体处在一个地方，就是被他物所包围，而包围者即 topos，也就是说，一个 topos 是属于特定时刻的特定物体的，在同一物体的

---

① 刘文英：中国古代的时空观念［M］，天津：南开大学出版社，2000：33.
② 吴国盛：希腊空间概念［M］，北京：中国人民大学出版社，2010：5.

另一个时刻或同一时刻的另一物体所拥有的就是另一个 topos"①，因而，topos 概念的提出源于人类生活中的处所经验。其次，就 chora 而言，它最早见于柏拉图的《蒂迈欧篇》。柏拉图把工匠造物的特殊经验普遍化为创造者创世的经验，在他看来，参与创造的要素有"创造者""形式"与"处所"（或原材料，接受者②）这三类，创造者正是根据形式与处所创造了万物。再次，就 kenon 而言，它最初由毕达哥拉斯学派所创，意指虚空。毕达哥拉斯学派"主张（4）有虚空存在，并且认为虚空是由无限的呼吸（作为吸入虚空）进入宇宙，它把自然物区分了开来，仿佛虚空是顺次相接的诸自然物之间的一种分离者和区分者；而这首先表现在数里，因为虚空把数的自然物区分了开来"③。此处，毕达哥拉斯学派不仅仅是出于为区分万物才提出虚空概念的，而且也是根据视觉经验提出虚空概念的。吴国盛认为，"在可见世界中，万物的确以一种离散状态呈现在我们面前，而且似乎有什么东西把它们分隔开来。毕达哥拉斯学派和原子论者主张虚空存在，可能都是有感于视觉经验世界的非连续、非均匀性。而毕氏学派说虚空就是不可视的气，更反映了空间概念最初来自于视觉经验"④。最后，就 diastema 而言，该概念见于亚里士多德的《物理学》，用以指代早期原子论者区分原子与原子之间的那个东西（即间隙、空间或虚空）。

---

① 吴国盛：希腊空间概念［M］，北京：中国人民大学出版社，2010：7.

② 吴国盛认为，在柏拉图那里，接受者、原材料、处所三个概念是等价的。而此处"处所"对应的拉丁文正是 chora。参阅吴国盛的希腊空间概念，中国人民大学出版社 2010 版，第 32 页.

③〔古希腊〕亚里士多德：物理学［M］，张竹明译，北京：商务印书馆，2009：99.

④ 吴国盛：希腊空间概念［M］，北京：中国人民大学出版社，2010：12.

据吴国盛考察，diastema 不宜译为"体积"或"广延"，而应译为"间隙"或"空隙"[①]。实际上，disatema 是早期原子论者为了解决原子运动的问题才提出来的一个概念，而原子运动问题的提出又源于他们对日常生活中运动经验的肯定。综上，希腊思想家们也是根据生活中的处所经验、造物经验、视觉经验、运动经验才提出相应的空间性术语。纵然，这些术语在后来的时代越来越依赖理性的思辨，但这不能抹去它们诞生于生活经验的事实。正是依赖于这些早期的空间性术语以及基于其上的理性反思，西方中世纪时代的学者才能形成"空间"（space）概念，并为近现代空间思想的发展奠定坚实的基础。

综上，在中西空间思想史上，东西方的祖先均是从实践生活中的特定空间经验提出空间术语的，并且这些空间术语起初都是指称特殊经验的。只是随着理性的反思，这些原先指称特定空间经验的特殊性空间术语才上升为统摄各种空间经验的普遍性空间概念。如中国的东西南北方位概念发展到春秋时代时就成为"宇"这个统摄各种方位的普遍性空间概念；再如古希腊的 topos、chora、kenon、diastema 这四个特殊性空间概念发展到亚里士多德时期就被浓缩为"topos"这个统摄各种空间经验的普遍性空间概念。简言之，破解空间术语形成之谜的钥匙就是人类生活中的实践。

2.1.2　实践：梳理西方空间理论的钥匙

西方空间理论经历了一个漫长的发展历程，其形式多变，如何梳理这些多样性的空间理论构成为中外社会空间理论研究者所面临的一

---

① 吴国盛：希腊空间概念［M］，北京：中国人民大学出版社，2010：22-23.

个必要问题。

从国内研究文献看，其对西方空间理论的梳理主要有四种。第一种以李春敏的博士论文《马克思的社会空间理论研究》为代表，她根据古代、近代、现当代的年代划分方式，书写了西方空间概念的沿革：基于宇宙之谜与虚空之辩的古代空间观、基于绝对空间之争与先验空间之论的近代空间观，现当代基于自然属性与社会属性辩证统一的空间的马克思恩格斯空间观。第二种以潘可礼的博士论文《社会空间论》为代表，他按照空间概念形成的时间顺序为划分方式，书写了西方空间概念的沿革：从古代社会空间、近代经典空间观、20世纪以来的科学空间观，再到21世纪的社会空间，以及社会空间的延异即赛博空间。第三种以童强的《空间哲学》为代表，他按照学派、学科、地域的差别为划分方式，书写了中西空间概念：包括学科视域下的地理学空间与社会学空间，学派视域下的马克思主义空间、海德格尔空间以及福柯差异空间，以及地域视角下的中国空间经验等。第四种以王晓磊的博士论文《社会空间论》为代表，他认为空间思想史的梳理需要对空间概念进行前提性的界定，如此才能给出一个清晰的空间演变进路，而不是一个庞杂的、模糊的空间史料堆砌。基于这种认识，王晓磊界定了四种空间概念：形而上学的空间概念、主体－身体的空间概念、自然科学的空间概念、文化符号的空间概念，并以此作为研究西方空间思想演变的总体进路。

从国外研究文献看，关于西方空间理论的梳理亦有四种代表形式。其一，苏贾在《后现代地理学》一文中主要叙述了20世纪以来的社会空间转向，他的空间史书写以学派的区分为原则。其二，哈维在《后现代的状况》一文中则把空间史的书写范围扩展到16世纪已降的西方社会空间史，他的空间史书写以实践为原则。其三，列斐伏尔在《空间的生产》一文中则把空间史的书写范围扩展到整个西方历史，他的空间史书写以生产方式的区分为原则，主要书写了三种空间，即前资本主义生产方式下的绝对空间、资本主义生产方式下的同质空间以及社会主义生产方式下的差异空间。这种生产方式的视角实质上可视为一种实践视角。其四，萨克在《社会思想中的空间观：一种地理学的视角》一文中把空间的书写范围同样扩散到整个西方历史，他的空间史书写基于"主观—客观"以及"空间—物质"这两组视角，并以此区分了两种空间观：精致的—碎片化的思想下的空间观（例如自然科学、社会科学和艺术下的空间观）以及非精致的—混合的思想下的空间观（例如儿童视角、实践视角和神话—巫术视角下的空间观）。

由上，面对西方空间理论，中外学者从不同的视角进行了梳理，从而为后学者提供了各种参考视角。本书认为，除列斐伏尔与哈维之外，上述学者普遍缺乏从实践维度上梳理空间理论，即他们较少探讨一种空间转向另一种空间的实践基础。例如，就国内学者而言，李春敏的空间书写未曾凸显某一时代向下一时代的空间演变的实践基础；同样，王晓磊的空间书写也遮蔽了一个问题，即人们不清楚他是基于什么理由界定出这四种前提性空间概念的。就国外学者而言，基于学派而书写空间理论的苏贾同样遮蔽了这种梳理的实践基础；萨克对空间观的梳理则主要是依据了新康德主义的空间观视角，同样忽视了导致空间观视角变迁的实践基础。

列斐伏尔与哈维二人认为实践决定着空间的演变，据此他们分别用实践解释了若干种空间理论的演变。但略显不足的是，依此实践原则，他们所探讨的空间对象并非西方空间思想中的空间理论。这鼓励本书将其二人所坚持的实践原则贯彻到对西方空间理论演变史的梳理。这种原则认为，人们的实践水平创造了特定的思维方式，继而这种思维方式影响了人们的空间认知及空间理论。随着实践水平的演变，思维方式将发生相应的变化，继而导致空间认知与空间理论的变化，从而造成了西方思想史中蔚为壮观的空间演变史。

本书以康德的空间理论为节点，将西方空间理论的梳理分为三个部分：前康德时代的空间理论，康德的空间理论，以及后康德时代的空间理论。之所以这样界定，是因为康德的空间理论标志着西方空间理论演变的重要节点：在康德之前，人们是在认知客体的意义上探讨空间；康德则从认知主体的意义上探讨空间；康德之后，人们则在生成论的意义上探讨空间[①]。

2.2 认知客体视域下的前康德时代空间理论

总体而言，前康德时代是处于前资本主义生产方式的时代，这种时代缺乏一种主体性观念以及与此相关的主体思维方式，其后果就是人们的认识主要从认知的客体出发探讨对象，而忽视了对主体认识活动本身的反思。当把这种从认知客体出发的思路运用于空间时，空间就呈现为一种与人无涉的外在空间。这种前康德时代的外在空间可

---

① 刘胜利认为，康德的直观空间实现了空间认知史上的哥白尼革命，即从认知客体出发探讨空间转向从认知主体出发探讨空间。参阅刘胜利："空间观"的哥白尼革命——康德对传统空间观的继承与批判 [J]，科学文化评论，2010（3）：54-70. 本书赞同刘胜利的判断，然而它并未界定康德之后的空间认知方式。本书认为，康德之后的人们普遍采用一种生成的眼光看待空间。这种生成眼光矫正了此前时期的两种空间认知弊病：其一，时间与空间相分离的弊病，其二，空间之静止性的弊病。

分为三个阶段：其一，原始社会实践下神话思维方式的空间认知；其二，古希腊社会实践下静观思维方式的空间认知；其三，罗马到 17 世纪实践下自然数学化思维方式的空间认知。

2.2.1　神话思维方式下的空间认知

在原始社会，人们是直接地取用自然资源以维持他们的衣食住行等基本生活。这种取用自然资源的直接型实践方式表现为他们不能对自然资源进行有效地开采和利用，其原因在于他们缺乏生产工具。囿于这种实践方式，自然是以直接的形式呈现在原始社会的人们面前。面对这种直接呈现的自然，原始人进行了一种对自然的"思考"活动。这种原始思考是一种神话思考即神话思维方式。尽管神话思考不是现代意义上的理性思考，但对于原始人来说，这种神话思考对他们生存的重要性丝毫不亚于现代理性思考对人们生存的重要性。神话思考意味着：原始人在"思考"直接呈现的自然及相关自然事件时，会把它与非自然的诸神活动联系在一起。易言之，原始人类虽然经常面对各种自然的事件，但这些自然的事件在他们的意识中却并不自然，反倒充满神意或天意。神话空间就是起源于对自然事件非自然的神化修辞，即对自然事件所做的神化解释。在此意义上，原始人具有一种用神话思维方式体悟诸神之启示的空间认知。

基于维科所阐述的"林间隙地"神话，洪涛揭示了原始人在体悟启示的空间认知中构建神话空间的形成过程[①]。这种形成经历了三

---

① 洪涛：逻各斯与空间——古代希腊政治哲学研究 [M]，上海：上海人民出版社，1998：32-34.

个步骤：首先，原始社会的人类经常遇到一个明显的自然事实，即某处森林被天火所焚毁而形成了一片隙地，这些原始人就栖居于这片隙地；其次，这一自然事实在人们的意识中经受了神化叙事的过程，即先是把自然的火灾修辞为神降的天火，继而把从天火焚毁森林中得来的隙地修辞为对他们的恩惠；最后，在该神化叙事中所出现的火、天空、荒地和最初达到隙地的人这四者，共同地敞开为神赐空间。质言之，原始社会的人们在把自然事实神化后，神赐空间便得以凸显，并具备了"超自然性""敞开性""作为人之家园"这三种特征①。

　　总之，原始社会下，受制于极低的社会实践水平，即不能对自然进行任何有意识的分解的活动，原始人类对自然空间会进行一种神化维度的赋魅，从而使自然空间披上一层神圣的外衣。基于此，自然空间就呈现为神赐空间，在其中，人与神得以沟通。

2.2.2　静观思维方式下的空间认知

　　从理性思维看，西方社会中的空间叙事起源于希腊人的空间思想，后者又是起源于对古埃及社会的绳量术。古埃及社会以农业生产为主，而尼罗河一年一度的泛滥常常会淹没田地，这就迫使古埃及的土地所有者必须发明一种技术即绳量术以丈量这些田地。这种绳量术始终关联于具体的田地测量，一旦离开田地测量，这种绳量术即告终止。就此而言，绳量术中所潜藏的测量者的思维劳作完全淹没在经验

---

　　① 洪涛：逻各斯与空间——古代希腊政治哲学研究［M］，上海：上海人民出版社，1998：33-34.

性的土地丈量中。这就导致赖欣巴哈的下述感慨：

"埃及人从实践经验知道，如果他们作成一个各边为 3、4、5 个单位的三角形，那么这就会是一个直角三角形。这一结果的演绎证明要等到很久之后才有毕达哥拉斯作出，他的著名定理用 3 的平方与 4 的平方的和等于 5 的平方这个事实说明了埃及人的发现"①。

赖欣巴哈的感慨值得细细品味，品味之一就在于：这种感慨背后潜藏着——一个唯物史观的实践原则。这种实践原则显示：毕达哥拉斯之所以能从绳量术中发展出一种抽象的定理，其背后必然存在着特定的实践基础。这种实践基础的挖掘应归功于德国学者索恩－雷特尔。在雷特尔看来，希腊社会是一个临海的半工商社会，这种半工商社会要求商品贸易者测量海面距离，而不再是田地等陆地类面积。这种测量对象的变更引发了测量工具的变更，即从绳量土地的绳子演变为测量海面的直尺与圆规；继而导致测量图像的变更，即从土地测量中的"被拉紧的绳子"演变为海面测量中的抽象"线条"②。由于测量对象、测量工具以及测量图像的变更，希腊人开始自觉地意识到关于空间的理性劳作，自此，潜藏于古埃及绳量术中的空间思维方才发展为一门具有内在必然性的抽象科学即几何学。

希腊几何学的成立使得希腊人开始用理性思考空间，但由于当时希腊社会的实践水平，这种理性思考呈现为一种静观思维方式。具体而言，当时的希腊社会生产方式处于纯农业生产方式与成熟工业生产

---

① 〔德〕赖欣巴哈：科学哲学的兴起［M］，伯尼译，北京：商务印书馆，1991：99.

② 〔德〕阿尔弗雷德·索恩－雷特尔：脑力劳动与体力劳动：西方历史的认识论［M］，谢永康、侯振武译，南京：南京大学出版社，2015：97–98.

方式之间，可称之为"半无机的实践方式"①。在半无机实践方式下，希腊人，"一方面，对于事物的'凝视'已成必要，另一方面，由于社会组织尚为一种天然的共同体方式，而非人为的东西，因此便无必要对之进行'凝视'，也使个体的自我无以凸现，从而便无以从自我出发去构造整个世界，而只能从某种客观的事物出发去构造世界"②。质言之，希腊人的凝视实际上只是对客观物事的理性"凝视"，从而造就出以客观物事为基础的静观思维方式，其后果就是由这种凝视而来的概念无法彻底摆脱客观化的物质痕迹。这种现象可见诸于诸多希腊大哲所建构的哲学概念之中，如泰勒斯的水、阿那克西曼德的"阿派朗"（或"无定限"）、阿那可萨克拉的种子等概念都不是完全的脱离具体物质的抽象概念，而是一种物质或类似于物质的概念。在静观思维方式下，对日常生活中物事的朴素静观成了希腊人思考空间的切入点。对经验自然的"凝视"代替了对启示自然的"体悟"；就空间叙事而言，这种替代促成了"神话思维方式下的空间认知"向"静观思维方式下的空间认知"的转变。例如，希腊人首次提出的四种空间术语（即 topos、chora、kenon、diastema）都是从对日常生活经验的凝视中提出来的。在这种静观中，空间与物体虽然有所不同，但二者并不是一种分离性的存在。例如，kenon 的存在是为了区分物体的连续性，diastema 的存在为维持物体的运动，chora 的存在为确保物体的

---

① 王南湜认为，农业生产模式是一种有机实践方式，而工业生产模式是一种无机实践方式。由于希腊社会具有一种半农业与半工商业的性质，因而他认为，希腊社会具有一种半无机的实践方式。参见王南湜：马克思哲学当代性的三重意蕴［J］，中国社会科学，2001（5）：28-36.

② 王南湜：马克思哲学当代性的三重意蕴［J］，中国社会科学，2001（5）：28-36.

创生，topos 的存在是为确保物体的位置。这四种空间纵然不同于实存的物，但它们与物一样具有客观的实在性，是一种客观的特殊存在。需要指出的是，这些空间不同于牛顿的绝对空间，原因在于：前者不可与物分离，后者可与物分离。

总体而言，希腊人从物体及其运动出发思考空间。我们以希腊时期空间思想集大成的亚里士多德处所理论为例展示这种观点。亚里士多德在总结前人空间思想的基础上，通过综合思考日常生活中的运动经验、位置经验等，否定了虚空的存在[①]。否定虚空实际上意味着亚里士多德完全杜绝了将空间分离于物的趋向。就论证自己的处所理论而言，亚氏以对日常生活经验的审查为切入点：首先，他从日常生活中具体的运动事物出发而不是直接从抽象的运动本身出发思考处所，从而论证了处所是一种界面的理论；其次，亚氏再从两种事物的运动形式（即天然运动与受迫运动的区分或自身能运动的与自身不能运动的）的区分出发思考处所，从而论证了处所是一种天然处所的理论。据此，亚氏提出了一种统一的普遍空间概念即 topos（即"处所"），它具有如下性质："（1）处所乃是一事物（如果它是这事物的处所的话）的直接包围者，而又不是该事物的部分；（2）直接处所即不大于也不小于内容物；（3）处所可以在内容事物离开以后留下来，因而是可分离的；（4）此外，整个处所有上和下之分，每一种元素按本性都趋向它们各自特有的处所并在那里留下来，处所就根据整个分上下"[②]。

---

① 吴国盛详细分析了亚里士多德对虚空概念的批判过程，参见吴国盛：希腊空间概念［M］，北京：中国人民大学出版社，2010：40-43.

② 〔古希腊〕亚里士多德：物理学［M］，张竹明译，北京：商务印书馆，2009：89.引文有改动，原文中的"空间"一律替代为"处所"。

在这些表述中，我们看到：规定（1）显示处所外在于物，即物不包含处所，但处所包含物；规定（2）显示处所同一时间只能包含一个物，不能同时包含其他物，这意味着处所在不同的时间可以包容不同的物；规定（3）显示处所是静止的、不动的，它可以分离于特定的物；规定（4）显示处所是非均质的。综合以上，我们认为，亚里士多德处所具有如下性质：其一，处所是静止的；其二，处所是非均质的；其三，处所是能分离于特定物体但必须包含某个物体的存在。就此而言，亚里士多德的 topos 是一种分离于特定物体但不独立于一切物体的静止性与非均质性存在。

总之，希腊社会半无机的实践方式使希腊人局限于一种静观的思维方式，这种思维方式的特征在于其所建构的概念渗透着客观事物的痕迹。具体到空间而言，希腊人已经把古埃及绳量术中的空间思维发展成一门抽象的测量几何学，这使得他们有意识地区分空间与物体。但受限于静观思维方式，代表希腊空间理论的亚里士多德处所理论并未将空间设想为一种抽象存在，亦未视之为一种属性；而是将之设想为即分离于特定物体但又不独立于一切物体而自存的特殊存在。

2.2.3　自然数学化思维方式下的空间认知

亚里士多德之后希腊社会的生产力得到了进一步的发展，但由于这种发展建立在一定的阶级基础之上，因而，这种发展是片面的、畸形的发展，其后果就是导致希腊社会民主制的瓦解。此后，西方社会依次经历了动乱的希腊化时代、帝制的罗马帝国、封建制与教会制糅合的中世纪社会以及君主制的近代社会。从马克思主义立场来看，孕育于这场政制演变中的基督教导致了对西方社会的宗教解释倾向，这种解释倾向是对颠倒世界的颠倒解释。就西方社会与基督教的关系而言，"不是'新的世界秩序'按照基督教建立起来，相反的，而是基督教随着这种世界秩序的每一个阶段的到来而有所改变"①。与对世界之宗教解释倾向相伴随的是自然的去目的化进程。在古典希腊时代，亚氏认为，"一切自然事物都明显地在自身内有一个运动和静止的根源"，而自然就是"它原属的事物因本性（不是因偶性）而运动和静止的根源或原因"②，即自然物具有内在的目的因。而形成于罗马时期并发展于中世纪时期的基督教则剥离了自然的这种内在目的因。在中世纪哲学家看来，"自然存有者即如古代哲学中的自然存有者一般，乃一活动的、带着种种出自其本质的运转的实体，而此自然存有者则必然为此本质所决定"③，自然存有者的"自然程序总是靠在一超自然秩序上面，它依赖此超自然秩序，并以之为其根源和目的"④。质言之，中世纪哲学把传统哲学中自然与自然界的内在关系转化为上帝视域下自然与自然界的外在关系，故而自然被剥离了内在本性，降低为物的集合。

从神学维度剥离自然的目的因这一做法客观上促进了自然的数学化进程，如中世纪的数学"在 14 世纪渗透到了自然哲学中"⑤。但囿于

---

① 马克思恩格斯全集（第七卷）［M］，北京：人民出版社，1972：239.

② 〔古希腊〕亚里士多德：物理学［M］，张竹明译，北京：商务印书馆，2009：30.

③ 〔法〕吉尔松：中世纪哲学精神［M］，沈清松译，上海：上海人民出版社，2008：292.

④ 〔法〕吉尔松：中世纪哲学精神［M］，沈清松译，上海：上海人民出版社，2008：291.

⑤ 〔美〕格兰特：近代科学在中世纪的基础［M］，张卜天译，长沙：湖南科学技术出版社，2010：189.

亚里士多德哲学的影响，这种渗透并不广泛、彻底。随着中世纪的解体以及文艺复兴时代的到来，近代科学家对自然的观察与实验水平得到了进一步的提升，其结果就是：这些科学家从科学的维度进一步消解了自然具有内在目的因的传统哲学思想，并推动了数学向自然界的广泛渗透。自然数学化的倡导者伽利略认为，"自然所说的是一种数学语言"，因而我们必须用数学来"询问自然"①。这种自然数学化的思潮不仅把自然界纷繁多变的具体可感之物抽象化为数学意义上的计算对象，而且把自然界色彩纷呈的感性运动抽象化为数学意义上的机械位移，以至于对伽利略、笛卡尔等人来说，亚里士多德的隐德来希——即运动为潜能者的实现——成为一个"笑柄"②。自然的数学化进程意味着运用数学的思维方式探寻自然。在数学思维方式下，西方运动观逐渐发生了反亚里士多德主义的变化，其后果就是导致了静观思维方式下的空间认知向自然数学化思维方式下的空间认知的转向。

经伽利略倡导的自然数学化之后，笛卡尔在 1630 年之后开始从彻底几何化的视域出发思考运动以及空间问题。他区分了哲学家的运动、几何学家的运动以及物理学家的运动。哲学家的运动是指亚里士多德以及经院哲学家所坚持的现实物体的"运动—过程"，它认为，运动是一种过程，这种运动过程需要维持运动的外因。几何学家的运动是指笛卡尔所坚持的几何物体的"运动－状态"，它认为，运动是

---

① 〔法〕亚历山大·柯瓦雷：伽利略研究［M］，刘胜利译，北京：北京大学出版社，2008：325.

② 〔法〕F·费迪耶等：晚期海德格尔的三天讨论班纪要［J］，丁耘摘译，哲学译丛，2001（3）：52-59.

一种状态，这种运动状态能够自行维持，由于这种运动"没有速度，也不在时间中发生"，因而它也不同于物理学家的运动，因为后者所确认的运动是一种具有时间过程与速度的运动。① 通过这种彻底几何化的方式，笛卡尔设想的运动完全虚化为数学家的几何运动，现实物体完全抽象为数学维度的点，而这种点的本质就是广延。至此，笛卡尔成功地把感性之物抽象为几何学意义上的广延，与此同时把运动虚化为数学意义上可测算的位移；据此，笛卡尔认为，"物体的根本特性是广延性，它是占据空间的实体，因而广延与空间是同一的"②。

　　在继承与发展前人自然数学化的进程之上，近代科学家巨擘牛顿进一步"抛开实体的形式和隐藏的性质，努力使自然现象从属于数学的定律"③，建构出一套庞大的关于自然数学化的机械理论体系。但与伽利略、笛卡尔不同的是，牛顿在坚持自然数学化的基础之上，还吸收了源自伊壁鸠鲁、卢克莱修并被伽桑狄、罗贝瓦尔、波义耳进一步发展的微粒哲学。通过综合自然数学化与微粒哲学这两种潮流，牛顿所描绘的世界由四种成分所构成：物质，即无限多的、不可分割的且互不相同的微粒；运动，即在无限、同质的虚空中到处传递微粒并且不影响微粒的本质；空间，即无限、同质的虚空，容纳微粒的运动且不被影响；引力，即结合并维持微粒在一起以组建世界的动力④。在这四种成分所构建的世界中，所有"微粒都是由一条非常简洁的数学定

---

① 〔法〕亚历山大·柯瓦雷：伽利略研究［M］，刘胜利译，北京：北京大学出版社，2008：146-148.

② 张志伟主编：西方哲学史［M］，北京：中国人民大学出版社，2010：274-275.

③ 牛顿：自然哲学的数学原理［M］，赵振江译，北京：商务印书馆，2006：6.

④ 〔法〕亚历山大·柯瓦雷：牛顿研究［M］，张卜天译，北京：北京大学出版社，2003：8.

律，即引力定律联系和聚集在一起的——按照这条定律，它们中的每一个微粒都与另一个相关联、相统一"[1]，如此，牛顿能够以一种数学的方式客观地描绘现实世界的感性运动。质言之，为了确保能用数学描绘真实世界的运动，牛顿并未像前人一样把现实世界的物虚化为数学意义上的点，而是接受并承认了现实世界的微粒存在及其运动，与此同时，他提出了一种不受运动物体所影响的背景空间，这种背景空间就是虚空或绝对空间。虚空即绝对空间的引入进一步使牛顿重新区分了空间与广延（从而包括空间与物质的分离）以及绝对空间与相对空间。至此，牛顿构建了当代智识人耳熟能详的绝对空间观，这种空间具备分离于物而独立存在以及各向同性与均匀性的特征，即典型的"背景特征与几何化特征"[2]。

从伽利略、笛卡尔到牛顿所一脉相承的自然数学化进程中，我们发现，空间经历着渐趋客观化的过程：在伽利略那里，他尚未把真实运动化为几何运动而是仅仅在心灵中设想抽象几何物体的运动，因而，在伽利略那里，空间仅仅是在心灵中初步实现了空间与物的分离，仅仅是在思想中取得了一种分离于物的客观性；而在笛卡尔那里，由于他把真实世界的运动彻底化为几何空间的运动，因而他既把有限性的物体客观化为永恒的客观广延，又把广延与空间等同起来，从而使物与空间同时取得了永恒的客观性；在牛顿那里，他既保留了真实世界的微粒运动，又用数学描绘了这种微粒运动，因而他构建了一种适应这微粒运动的背景化空间，但由于他对物质有限性的偏见，

---

① 〔法〕亚历山大·柯瓦雷：牛顿研究［M］，张卜天译，北京：北京大学出版社，2003：9.

② 吴国盛：希腊空间概念［M］，北京：中国人民大学出版社2010：4.

他不得不重新区分物体的广延与空间，因而在牛顿那里，空间被视为绝对意义上的客观存在，而广延则被认为物的属性。

总之，相较于静观思维方式下的空间认知，自然数学化思维方式下的空间认知将空间视为一种独立于物而自存的客观空间（同时也被认为是一种神性空间①）。由处所向客观空间的转变实现了一个重要取代，即界面被绝对空间所取代。但两种思维方式下的空间认知都在探讨与人无涉的空间，使人们未能体察到主体维度上的空间，更遑论社会维度上的空间。而只有当哲学重新关注人的知识及人本身何以生成之时，后两种空间才能被触及。

2.3　认知主体视域下的康德空间理论

大约 10 世纪以来，中世纪封建制社会逐渐发展出近代商业型城

---

①　生活在基督教时代下的牛顿，他所持守的宗教立场使他的空间理论不可避免地带有宗教色彩。在与莱布尼茨的论战中，代表牛顿的克拉克重申了绝对空间理论的神学立场，认为"被一物体占据的空间，并不是那物体的广延，而是有广延的物体存在于那空间之中"（参见克拉克：克拉克的第五次答复［A］/莱布尼茨与克拉克论战书信集［C］，陈修斋译，商务印书馆，1996：103.），"上帝的存在（如已经屡次指出的）是空间的原因，而所有其他事物存在于那空间中。所以它也照样是观念的地点，因为它是观念存在于其理智中的那些实体本身的地点"（参见同上，109）。由此，在牛顿那里，"空间和时间不仅仅是数学 - 实验方法及其处理的现象所蕴含的东西，而是有一种对他来说至关重要的基本的宗教含义，它们意味着全能上帝的无所不在和从永恒到永恒的持续存在"（参见〔美〕埃德温·阿瑟·伯特：近代物理科学的形而上学基础［M］，张卜天译，长沙：湖南科学技术出版社，2012：219.）。而为了反对牛顿的绝对空间观及其不可认识性，莱布尼茨提出了一种关系空间观，即空间是事物之间的秩序，并且这种秩序能得到人的理性认识。

市，其中，城市手工业者和商人对城市管理权的获得促成了城市的进一步发展；12 和 13 世纪以后，意大利的一些商业型城市已发展为城市国家，这些"城市国家在与地中海地区的商业、欧洲的商业和金融往来，以及欧洲与亚洲的交往中起了主导作用，成为资本主义中心"①；16 世纪时，法国的资本主义也得到了一定程度的发展，"随着资本主义手工工厂和贸易航海事业的发展，法国科学和文化迅速发展起来"②，这种历史背景客观上促使笛卡尔实现了哲学思维方式的巨变：主体思维方式的兴起。主体思维方式的形成带来了一种全新的空间经验，即从认知主体视角思考空间。虽然笛卡尔创建了主体性思维，但由于他把广延、物、空间三者等同起来而拒斥灵魂有广延，因而"广延是并不包含在对我自己的直接确定认识之内的"③，即在笛卡尔那里，空间一开始就隔绝于主体及其思辨。这反过来导致笛卡尔未能把主体性思维方式运用到对空间的思考之中。

真正首次利用主体思维方式思考空间的人是康德，他通过自觉地将数学家欧拉（Euler）的空间观主体化，从而首次实现了空间认知的主观转向。

瑞士数学家欧拉 1741 年从圣彼得堡移居于柏林，并任职于柏林科学院。在柏林居住的 25 年期间，欧拉出版了数百篇文章。其中，在 1748 年出版的《关于时间与空间的反思》（Réflexions sur l'espace et le temps）一书中，欧拉提出了一种"绝对的、真实的、即具体的

---

① 沈汉：资本主义史（第一卷）[M]，北京：人民出版社，2009：291.

② 苗力田，李毓章主编：西方哲学史新编 [M]，北京：人民出版社，2015：343.

③ 黑格尔：哲学史讲演录（第四卷）[M]，贺麟，王太庆译，北京：商务印书馆，2009：83.

空间的概念"①。在欧拉看来，概念具有三种形式：第一种是凭借感性认识而取得的经验性概念，它对应着现实世界中特定的客体，如香蕉这种经验性感念；第二种是凭借理性推论而取得的反思性概念，它在现实世界中没有对应的客体，如水果、人就是这种反思性概念；第三种概念不同于前述经验性概念与反思性概念，它是一种心灵中直接呈现的概念，如空间（space）就是这种"非经验的"与"真实的"②的概念。

欧拉这种新颖的空间观无疑给了康德极大的启发，使他反思先前持有的空间观③。1770 年，康德开始形成崭新的空间观，其代表作就是《论可感世界与理知世界的形式及其原则》一书。在该书中，他提出了作为纯粹直观的空间概念并归纳出五种特性："A. 空间的概念不是从外部感觉抽象而来的"，"B. 空间的概念是一个个别的观念"，"C. 空间的概念是纯直观"，"D. 空间不是某种客观的实在的东西，它既不是实体，也不是偶性，也不是关系；而是主观的东西，是观念的东西，是按照固定的规律仿佛从精神的本性产生出的图式，要把外部感知的一切都彼此排列起来"，"E. 空间作为某个客观的、实际的存在者或这样一种属性，其概念虽然是想象的，但在与所有可感事物的关系中，却仍然不仅是极为真实的，而且是外感觉中一切真理的基

---

① Christopher Browne Garnett JR：*The Kantian Philosophy of Space* ［M］. New York：Columbia University Press，1939，p121.

② Christopher Browne Garnett JR：*The Kantian Philosophy of Space* ［M］. New York：Columbia University Press，1939，p125.

③ 加尼特认为，1770 年之前的康德认为空间观念要么来源于感性的经验认识，要么来源于推论的理性反思。参阅 Christopher Browne Garnett JR：*The Kantian Philosophy of Space* ［M］. New York：Columbia University Press，1939，p122.

础"①。② 至此，康德把数学家欧拉的几何学空间提升为主体认识论的直观空间，用"纯粹的"与"直观的"这类主体性话语取代了"非经验的"与"真实的"这类朴素性话语。

通过上述这种纯粹的与直观的空间观念，我们看到，康德批判了牛顿的作为不可测度与不可认识的绝对空间、莱布尼茨的作为事物秩序的关系空间以及笛卡尔主义者的作为事物广延的属性空间。其后，这种纯粹直观的空间一直是康德空间观的核心内容。康德在其 1781 年《纯粹理性批判》中重述了这种纯粹直观的空间观念；在 1783 年《未来形而上学导论》第 13 节中，康德批判了把空间作为物自身之性质的观点，并在其后的附释一中指出，"空间根本不是物自身的形状，而仅仅是我们的感性表象能力的一种形式"③，即严格区分了作为自在存在的物自身与作为直观形式的纯粹空间；在 1787 年《纯粹理性批判》中，康德完善了自己的空间理论，明确指出："空间的原始表象是先天直观，而不是概念"④；而且也强调了 1783 年批判的含义："一般说来在空间中被直观到的任何东西都不是自在的事物，而且空间也不是事物也许会自在地自身固有的形式，毋宁说，我们完全不知道自在的对象，而凡是我们称之为外部对象的，无非是我们感性的单纯表象而已，其形式是空间，但其真实的相关物、亦即自在之物却丝毫也

---

① 这句话指，空间是属于主体的一种性质，它真实地存在于主体地心灵之中并且是主体认识经验的基础。

② 康德：论可感世界与理知世界的形式及其原则［A］，李秋零译／康德：康德著作全集（第 2 卷）［C］，李秋零主编，北京：中国人民大学出版社，2003：410–412.

③ 康德：未来形而上学导论：注释本［M］，李秋零译注，北京：中国人民大学出版社，2013：31.

④ 康德：纯粹理性批判［M］，邓晓芒译，北京：人民出版社，2004：30.

没有借此得到认识"①，即空间只是认识经验现象而非认识物自体的基础。康德把空间规定为心灵中直观的与纯粹的（或先验的）形式，实则是"让空间植根于面对这些对象的认识主体，将空间构想为认识主体的直观形式，构想为主体朝向世界及诸对象的观看方式本身"，从而实现了一场"空间观的'哥白尼革命'"②。

　　康德空间观的哥白尼革命实现了从认知客体探讨空间到从认知主体探讨空间的转向。这种转向具有两种含义：其一，康德之前，人们从认识客体的维度探寻空间，在这种探寻中，主体隐匿于认识活动之中；康德空间观的哥白尼革命则把主体的认识活动凸显出来，从而彰显了人在空间认识中的主体性地位；其二，康德之前，与主体隐匿相伴随的是，人们探讨的空间都是与主体无涉的客观空间；而康德通过认识论的主体转向，开始探讨关涉主体的主观空间。这种主观空间的转向呼应了近代资本主义主体性的觉醒。

　　但与此同时，我们也要看到：康德把空间主观化为纯粹、直观的空间，并一直强调空间与现实之物相脱离，甚而康德所谓的广延也只是现象界的广延而非现实界的广延，在此情形下，康德的空间就只是一种受限的主观空间。受限性的主观空间导致康德的空间理论面临下述四种困境。首先，既然康德认为，人们不能认识物自体，那么康德出于何种理由断言物自体没有空间呢？正如裴顿所言，"严格地说来，关于自在之物，我们只有权来说，我们并不知道，而且不能知道，它们是在空间里和在时间里的。既然我们完全不知道它们，我们就不能

---

①　康德：纯粹理性批判［M］，邓晓芒译，北京：人民出版社，2004：33.
②　刘胜利：身体、空间与科学：梅洛—庞蒂的空间现象学研究［M］，南京：江苏人民出版社，2014：23.

说它们不是什么"①。因而，康德宣称物自体不具有空间形式的论证不能完全摆脱独断之嫌。其次，康德认为，"几何学是综合地却又是先天地规定空间属性的一门科学"②，即康德的主观空间是以欧式几何空间理论的普遍性与确定性为前提的，就此而言，康德纯粹性与先验性的空间似乎受制于欧式几何理论的持存性。一旦欧式几何空间理论崩塌了，那么康德的主观空间也势必遭遇瓦解。而事实上，康德逝世后不久，"各种非欧几何学的发现以及它们在逻辑上的自洽性的证明，剥夺了欧氏空间作为先天直观的特权地位"③，而随着欧式几何空间理论的瓦解，康德的主观空间也随之遭到解构。再次，康德认为，"空间包括一切可能向我们外在地显现出来的事物，但不包括一切自在事物本身"④，即空间只直观现象，因而空间表象只存在于现象界而不存在于现实界。但问题是，人们对现实界究竟有无空间表象？如果有，康德理论如何面对？例如，一个裁缝师量张三的体形并且在此基础上为他裁剪一件合身的衣物，那么这位裁缝师在量体形与裁剪衣物的过程中是否涉及对现实界的空间表象呢？本书以为是存在的，而且这位裁缝师表征的空间对象不是他心中的现象而是他心灵之外的现实人即张三这物自体；但在康德那里，这位裁缝师的测量与裁剪活动无涉于空间表象并且不能用空间话语进行表达。就此而言，按照康德的说话，我们只能对现实空间实践的表达保持

---

① 〔英〕H·J·裴顿：康德的经验形而上学——《纯粹理性批判》上半部注释[M]，韦卓民译，武汉：华中师范大学出版社，2009：153.

② 康德：纯粹理性批判[M]，邓晓芒译，北京：人民出版社，2004：30.

③ 刘胜利：身体、空间与科学：梅洛—庞蒂的空间现象学研究[M]，南京：江苏人民出版社，2014：47.

④ 康德：纯粹理性批判[M]，邓晓芒译，北京：人民出版社，2004：32.

沉默，但这显然与我们日常生活中的空间经验相矛盾。最后，康德认为，"空间无非只是外感官的一切现象的形式，亦即唯一使我们的外直观成为可能的主观感性条件"，"这样，我们就只能从人的立场才能谈到空间、广延的存在物等等"①。换言之，在康德那里，先是空间被赋予了一种直观现象的能动性，而后通过把空间规定为人的主观感性条件，最终表达了人在认识活动中的能动性。这种能动性同时也体现了人在认识论层次上的自由。但遗憾的是，由于康德严格地把空间认识限制于现象界，因而人的能动性与自由只体现在现象界。质言之，康德揭示的这种能动性与自由只是一种主观层面的能动性与自由，凭着这种主观能动性与自由，人们是既不能理解又不能改造客观的世界。

总之，康德通过运用主体性思维方式开启了主观向度的空间转向，在空间演变史上起着承前启后的关键性作用。日本学者安倍能成曾把康德比喻成哲学河流的"贮水池"②，即指：康德之前的哲学流进了康德哲学体系，而康德之后的哲学从康德哲学体系流出。与此类似，康德的直观空间亦可视为空间演变史的贮水池，它使我们认识到：一方面，如果前康德时代的人从认知客体出发探讨与人无关的客观空间，那么康德及其之后时代的人就应当从认知主体出发探讨与人有关的空间；另一方面，人们不应把这种空间认知局限于主体的现象界，而应把这种空间认知拓展到人的实践领域与现实社会。

---

① 康德：纯粹理性批判［M］，邓晓芒译，北京：人民出版社，2004：31.

② 安倍能成：康德实践哲学［M］，于凤梧、王宏文译，福州：福建人民出版社，1984：3.

2.4 生成视域下的后康德时代空间理论

康德之后，自然界与人类社会均发生了显著变化。一方面，18 世纪末到 19 世纪初的自然科学正处于蓬勃发展的时期：物理学正处于摆脱接触论和化学论而趋向于建立电磁力学、电动力学和电化学的时期；化学正处于确立化学原子论的时期；生物学正处于摆脱人工分类体系而建立自然分类体系的进化论酝酿时期。自然科学的发展使得"经验的自然研究已经积累了庞大数量的实证的知识材料，因而迫切需要在每一研究领域中系统地和依据其内在联系来整理这些材料"①。这种对材料的整理必然要求人们用一种生成的眼光看待自然界的变化。另一方面，19 世纪末资本主义生产方式的扩张使人们直面现实社会的剧变，在其中，"一切等级的和固定的东西都烟消云散了"②。由于这两个方面的变化，我们可以一般地规定后康德时代的认知方式是以一种生成的眼光看待对象。在这种生成视域下，对象不再是静止的、固定的，而是生成的、变化的。就空间而言，后康德的哲学家同样有人从生成的眼光看待空间。归结起来，从生成眼光看待空间的后康德空间理论具有四种形式：黑格尔的空间理论、爱因斯坦的空间理论、海德格尔的空间理论以及福柯的空间理论。其中，前两种空间理论可以合为一种，即时空思维方式下空间认知得出的理论，海德格尔的空间理论可视为现象学思维方式下空间认知得出的理论，而福柯的空间理论可视为谱系学思维方式下空间认知得出的理论。

---

① 马克思恩格斯选集（第三卷）[M]，北京：人民出版社，1995：284.
② 马克思恩格斯选集（第一卷）[M]，北京：人民出版社，1995：275.

2.4.1　时空统一思维方式下的空间认知

18 世纪末、19 世纪初自然科学的发展显示了自然界本身的辩证发展。在《自然哲学》中，黑格尔利用唯心主义的辩证法，颠倒式地将自然界的这种辩证发展揭示为：空间、时间、物质这三者在绝对精神的外化中所实现的统一性联系。首先，黑格尔认为，自然是绝对精神的他在或异化，而空间作为"抽象普遍性"与"没有中介的无差别性"则构成了"自然界最初的或直接的规定性"①，即空间是自然界的抽象形式或抽象概念，从而在起源学上批评了康德的先验直观空间。其次，黑格尔认为，一方面，空间同时是一种潜在的概念，这意味着它有自己的发展过程即点、线、面的发展过程，这种发展过程表现为空间"各个环节的自我扬弃"，时间就是这种"持续不断的自我扬弃的存在"②；另一方面，时间作为一种概念，它也有着自己的发展过程即现在、将来、过去的发展过程，这种发展过程表现为"直接消融于无差别性，消融于无差别的彼此外在性或空间"③。质言之，黑格尔认为，作为自然开端的空间概念由于自身的否定性必然进展为时间概念，而时间概念由于自身的否定性又必然进一步发展为新的空间概念，此时需要注意的是：前一个空间概念是抽象的形式空间，而后一个空间概念则是实在的具体空间（即位置）。由此，黑格尔第一次把

①　黑格尔：自然哲学［M］，梁志学、薛华、钱广华等译，北京：商务印书馆，2009：40.

②　黑格尔：自然哲学［M］，梁志学、薛华、钱广华等译，北京：商务印书馆，2009：48.

③　黑格尔：自然哲学［M］，梁志学、薛华、钱广华等译，北京：商务印书馆，2009：56.

时间与空间联系起来探究，实现了时空合一的思维方式，突破了此前时空分离的思维方式 ①。最后，黑格尔认为，作为位置的空间概念由于自身的否定性必然发展为新的时间概念即运动，而运动与位置的"特定存在的统一，即物质"②。在黑格尔那里，物质是时间（运动）与空间（位置）的统一，而在这种统一中，时间与空间构成为物质的内在属性。通过阐释这种唯心主义的时空理论，黑格尔批评了人们从物质开始考察时空的通常做法，尽管这种做法正确地看到了时空是物质的形式；相反，黑格尔认为，应从抽象的空间、时间开始考察，通过探究它们的自我否定揭示出位置、运动与物质这类具体的概念。

如果说处于 18 世纪下半叶至 19 世纪上半叶的黑格尔以形而上学的方式把握到了自然界中物质、时间与空间的辩证联系，那么处于 19 世纪下半叶至 20 世纪上半叶的爱因斯坦则是基于新科学理论的进展以理论科学的方式把握到了这种辩证联系。20 世纪初，科学技术的发展使人们的科学探索由宏观、低速领域进入微观、高速领域，其结果就是与牛顿的经典力学体系产生了不可调和的矛盾。就空间问题而言，新科学的进展打破了具有欧几里得特征的空间，认识到了时间与空间二者的可变性与联系性。正如弗里奇所言，"在 19 世纪所发现的许多现象，比如那些涉及电磁学或者原子的过程，只有在空间与时间不分开考虑的情况下才能被理解，这种认识直到 20 世纪初期才变得清楚起来。必须把空间和时间连带起来对待，我们用术语'时空'

---

① 在牛顿的时空理论中，绝对时间与绝对空间是分离的；同理，在康德的时空理论中，作为先验形式的直观空间与直观时间同样是分离的。

② 黑格尔：自然哲学［M］，梁志学、薛华、钱广华、沈真译，北京：商务印书馆，2009：57.

（space-time）来表示它。从数学上把空间和时间的这种联合公式化，就是爱因斯坦的相对论所做的"①。

在新科学进展的基础上，爱因斯坦在 1905 年发表了《论动体的电动力学》一文，该文否定了牛顿的绝对时间与绝对空间理论，同时提出了著名的狭义相对性原理。该原理基于相对性原理与光速不变原理，认为"在高速情况下，不同惯性参考系对运动的描述并不遵从伽利略变换式，而是遵从洛伦兹变换式；运动物体在其运动上空间尺度要收缩，时间进程要变慢"②，即发生众所周知的尺缩效应与钟慢效应。这两种效应显示出：一方面，"空间－时间未必能被看作是一种可以离开物理实体的实际客体而独立存在的东西。物理客体不是在空间之中，而是这些客体有着空间的广延。因此，'空虚空间'就失去了它的意义"③；另一方面，时间与空间不再是固定不变的，而是变动的。

综上，黑格尔从绝对精神向自然界的外化出发思考空间、时间与物质，由此他得出：运动与位置是物质的具体时间与空间；爱因斯坦认为"有必要把自然科学思想的基本观念从柏拉图的奥利帕斯天堂脱下来"④，即反对从形而上学的方式阐释空间，而应该从物理学的基本事实出发思考空间，由此他认为时间与空间是物质客体的存在方式，

①　〔德〕哈拉尔德·弗里奇：改变世界的方程：牛顿、爱因斯坦和相对论［M］，邢志忠，江向东，黄华艳译，上海：上海科学教育出版社，2011：6.

②　文兴吾：相对论时空观与物体机械运动［J］，河北大学学报（自然科学版），1989（2）：88-94.

③　爱因斯坦文集（第一卷）［M］，徐良英，范岱年编译，北京：商务印书馆，1976：560.

④　爱因斯坦文集（第一卷）［M］，徐良英，范岱年编译，北京：商务印书馆，1976：548.

从而恢复了笛卡尔以来的广延概念。虽然二人思考的起点互有差异，但他们均认为：时间与空间是变动的，并且二者统一于运动的物体。经过黑格尔与爱因斯坦的梳理，无论是在哲学界还是在科学界，关于固定不变的时空观念正如封建等级的概念一样已经"烟消云散"了。二者的时空理论都是对自然科学新进展的理论回应，本质上都把握到了时空的变动性与统一性。但二者也存在着一个理论不足：即他们并未凸显人在时空生成中的作用。

2.4.2　现象学思维方式下的空间认知

在西方哲学史中，囿于心身二元论的框架，身体被贬低为一种纯粹的肉体。在这种二元论框架下，身体的作用被界定为仅仅使人追求肉体的满足和快乐，而人就在这种满足和快乐中沉沦。例如，在柏拉图看来，身体使人远离理念；在奥古斯丁看来，身体使人远离上帝之城。笛卡尔将这种心身分离的关系发展到极致，使身体彻底远离了探求知识的理智世界，从而使身体"逐渐地在一种巨大的漠视中销声匿迹了"[1]。这种身体的销声匿迹同样出现在康德的批判哲学中，缺席于康德的物自体与先验世界。但是，这种心身分离的关系被尼采终结了。在尼采那里，"人首先是一个身体和动物性存在，理性只是这个身体上的附着物，一个小小'语词'"[2]。就此而言，尼采使身体的存在论意义得以凸显；此后，以身体审视世界与人的生存就成为哲学界的一个新视角。例如，法国哲学家福柯、德勒兹、梅洛·庞蒂都受到了

---

① 汪民安、陈永国：身体转向［J］，外国文学，2004（1）：36–44.

② 汪民安、陈永国：身体转向［J］，外国文学，2004（1）：36–44.

尼采身体理论的影响。

在德国，尼采的身体理论同样得到了现象学家胡塞尔的重视，并且得到了新的应用。就空间理论而言，早在 1907 年关于"物与空间"的讲座中，胡塞尔就在现象学思维方式下审视了身体与空间的关联，首次"开启了通过身体来研究空间问题的现象学传统"①。据此，胡塞尔开辟了研究空间的新基地：即以身体为视角审视人与空间的关系。但由于胡塞尔对纯粹现象的寻求，这种身体－空间现象仍然被禁锢于以识－在为基础的现象视域中。所谓识－在，是指胡塞尔把存在现象的探析立基于人的纯粹意识；由于这种识－在离开了现实的生活世界，因而胡塞尔就错失了对现实生活中身体－空间经验的现象学追问。

海德格尔不满于胡塞尔的识－在现象学，因为这种识－在所探寻的对象总在"主体性之中，在我的意识之中"②。如此一来，不仅现实世界的物，而且现实世界的人，二者的存在方式都逃离了胡塞尔的现象学追问。由于这种不满，海德格尔构建了一种新的现象学：即基于此－在的存在论现象学。在此－在的现象学视域下，海德格尔得以对现实世界中的物与人进行存在论意义上的发问，继而探讨了存在论维度上的空间。

海德格尔存在论的空间思想可分为两个阶段：早期阶段主要见于《存在与时间》，晚期阶段主要见于《筑·居·思》。在两个阶段中，

---

① 刘胜利：身体、空间与科学：梅洛—庞蒂的空间现象学研究［M］，南京：江苏人民出版社，2014：48.

② 〔法〕F·费迪耶，等：晚期海德格尔的三天讨论班纪要［J］，丁耘摘译，哲学译丛，2001（3）：52–59.

海德格尔都揭示了"此在的生存活动中的各种空间关系,以他的存在论术语,形成了关于空间的一整套相当精致的表述"①。

2.4.2.1　早期海德格尔的存在论空间

在《存在与时间》一书中,海德格尔早期的空间思想表现为下述三个层面。

首先,海德格尔论述了"世内上到手头的东西的空间性",这种空间指用具(即与此在照面的物)所占据的位置或场所。在海氏看来,世内之物本质上都是服务或照面于此在的寻视、操劳;在这种寻视操劳中,此在与物打交道,物成为上手状态的用具。此在与用具打交道意味着将用具带向近处,而"用具的定出方向的近处意味着用具不仅仅在空间中随便哪个现成地有个地点,它作为用具本质上是配置的、安置的、建立起来的、调整好的"②。通过此在的配置、安置、建立与调整,用具获得了世内的位置,这种位置就是用具的"何所往",即用具的场所。质言之,在海氏看来,物的空间性不是物自身的三维或广延,不是物的自行或自然的属性,而是在此在的寻视活动中所安置的位置与场所。由此,通过物这种中介,海德格尔不是在人的意识视阈内,而是在人的现实活动中重新确立了人与空间的现实关系。

其次,海德格尔探讨了"在世界之中存在的空间性",意指在寻世操劳中此在所展现的空间性。在海氏看来,在此在与用具打交道的过程中,一方面,物成为上手状态的用具并获得了相应的位置与场

---

① 童强:空间哲学 [M],北京:北京大学出版社,2011:74.

② 海德格尔:存在与时间 [M],陈嘉映,王庆节译,北京:生活·读书·新知三联书店,2012:119.

所，从而获得了相应的空间性；另一方面，此在在设置用具的场所时也展现了自身的空间性，即去远与定向。此在的去远具有三层含义：将用具带向近处，而非逐向远处；这种去远本质上是一种此在的活动，而非物理意义上可供测量的距离；去远既然是一种此在的活动，那么这种去远就具有一定的方向性，而非任意的、毫无目的的去远。去远的方向性，即此在的定向，根源于此在的寻视操劳活动，"属于去远活动的定向是由在世奠定的"①。

最后，概述上述两种空间性，我们发现：海德格尔通过考察此在与用具相互打交道的过程发现了两种空间性：一种是用具的空间性，表现为位置与场所，一种是此在寻世操劳的空间性，表现为去远与定向。不仅如此，我们还发现，海氏使用了两个空间术语，即空间性与空间：在前两个标题下的探讨中，海德格尔只使用"空间性"，而在第三个标题下的探讨中，海德格尔开始使用"空间"，并使"此在的空间性"与"空间"并列。这种并列使用表明，海德格尔认为，在此在与用具打交道的过程中，如果仅仅着眼于这种打交道内的两个子面向（面向此在的用具或面向用具的此在），那么所被窥测到的只能是空间性，即空间所表露出的性质；相反，如果着眼于这种打交道的整体，那么空间才能被领会到。这种打交道的整体就是此在的在世界之中；在此在的在世界之中，世界得以敞开，从而给予人理解空间的契机。质言之，人们只有"回溯到世界才能理解空间"②。照此理解，空

---

① 海德格尔：存在与时间［M］，陈嘉映，王庆节译，北京：生活·读书·新知三联书店，2012：126.

② 海德格尔：存在与时间［M］，陈嘉映，王庆节译，北京：生活·读书·新知三联书店，2012：131.

间不是在主体性的属性（因而有别于康德的直观空间），不是囊括世界的空间（因而有别于牛顿的作为容器的绝对空间），不是可供测量的空间（因而有别于数学家的主观建构的空间）；而是此在在世所展露的一个现象。

如上所述，海德格尔是在考察此在与用具打交道的基础上，分别描绘出用具的空间性与此在在世内的空间性，然后再基于这两种空间性，指出真正存在论意义上的空间不是前述两种空间性，而是此在的空间。但遗憾的是，此在的空间究竟何谓，"直到今天还始终处于窘境"①。

2.4.2.2 晚期海德格尔的存在论空间

1951年，海德格尔作了两场关于"人与空间"的演讲；1952年该演讲稿得以正式出版，该出版物即为《筑·居·思》。在该文中，本书认为，晚期海德格尔的存在论在处理人与物的关系时发生了根本的转向：在《存在与时间》一书中，物被界定为服务于人的用具，物的本质在于此在的设置；而在《筑·居·思》一书中，人被降格为四重整体（天地神人）中的一元，物是显示与聚集四重整体的标志，不再是此在的用具。伴随这种转向，海德格尔再次审视了人与空间的关系问题。

首先，海德格尔具体化了人与物打交道，即把人与物的打交道具体化为筑造。而筑造，照日常理解来看，可以表现为对建筑物等无生命物的建立，也可以表现为对水稻、葡萄等有生命物的保养；但这两

---

① 海德格尔：存在与时间［M］，陈嘉映，王庆节译，北京：生活·读书·新知三联书店，2012：131.

种对筑造的理解均遗忘了人与筑造的关系，因而"筑造的真正意义，即栖居，陷于被遗忘状态中了"①。海氏认为，人们应从三种递进的含义上理解筑造：第一，筑造的真实意义是栖居；第二，这种栖居表现为终有一死者在大地上的存在方式；第三，这种栖居意义上的筑造既保养了生长物又建设了建筑物。在这种筑造中，人不再是居于存在论中心的此在，而是栖居于筑造之四重整体中的终有一死者。

其次，海德格尔在这种筑造的栖居中探讨位置与场所两个概念。不难发现：在《存在与时间》一书中，位置与场所是此在赋予用具的；而在《筑·居·思》一书中，位置与场所是作为天地神人的四重整体显现出来的。之所以会赋予位置与场所以全新的含义，乃在于海德格尔整个地倒转了人与物的关系：物不再是人的用具，而是"居留四重整体"的物；与此相应，人成为"受限制者"，开始为"物之为物所召唤"②。海氏认为，人的筑造活动正是起源于听从这种居留四重整体的物的召唤。例如，在对桥的分析中，海德格尔认为：桥，一方面是内含天、地、神、人之统一性的位置；另一方面，人通过感应与听从桥的这种位置特性而筑造了桥，从而筑造了桥所绽露的空间③。

最后，海德格尔在这种栖居的视阈中审视了人与空间的关系。海德格尔接续了《存在与时间》一书中关于此在设置空间的思想。但与此不同的是，海德格尔不再认同这一点，即此在通过赋予用具以位置

---

① 海德格尔：筑·居·思［A］；海德格尔：海德格尔演讲与论文集［C］，孙周兴译，北京：生活·读书·新知三联书店，2005：155.

② 海德格尔：物［A］，海德格尔：海德格尔演讲与论文集［C］，孙周兴译，北京：生活·读书·新知三联书店，2005：189-190.

③ 海德格尔：筑·居·思［A］，海德格尔：海德格尔演讲与论文集［C］，孙周兴译，北京：生活·读书·新知三联书店，2005：167.

与场所从而设置了空间；而是认为，人通过听从物的召唤进行筑造，在筑造中为天、地、神、人开辟出一种整体性的空间。因而，"人与位置的关联，以及通过位置而达到的人与诸空间的关联，乃基于栖居之中。人与空间的关系无非就是从根本上得到思考的栖居"①。基于此，就困扰现代人的住房难题而言，海氏认为，"栖居的真正困境并不仅仅在于住房匮乏"，"真正的栖居困境乃在于：终有一死的人总是重新去寻求栖居的本质，他们首先必须学会栖居"②。换言之，海德格尔认为，现代人的住房困境应该表现为人与空间之间的栖居关系问题。

综上，本书简要阐释了海氏的早期空间与晚期空间理论。夏兹金把海氏的早期存在论空间概括为生存空间（lived space），而这种生存空间在晚期则再现（reappear）为栖居空间。就这两种空间理论的关系而言，在夏兹金看来，栖居空间不再具有"被理解为人类经验活动空间的生存空间的特征"③。因而，夏兹金割裂了海氏的早期空间理论与晚期空间理论。本书反对这种看法，原因如上所述。海氏始终坚持了人"设置空间"的观点，不同的是：在早期，这种设置是通过此在赋予用具以位置与场所得到实现的；在晚期，这种设置是此在听从"居留四重整体"之物的召唤的筑造中得到实现的。海氏的存在论空间影响颇巨，根据夏兹金的梳理，这种影响主要表现为三个层面：一、启发了现象学空间的思考，例如梅洛·庞蒂就把身体引进到对此

① 海德格尔：筑·居·思［A］，海德格尔：海德格尔演讲与论文集［C］，孙周兴译，北京：生活·读书·新知三联书店，2005：166.

② 海德格尔：筑·居·思［A］，海德格尔：海德格尔演讲与论文集［C］，孙周兴译，北京：生活·读书·新知三联书店，2005：170.

③ Theodore R.Schatzki：*Martin Heidegger*：*Theorist of Space*［M］，Stuttgart：Franz Steiner Verlag，2007，p52.

在的分析，开辟了以身体知觉为基础的知觉现象学，从而开辟了基于身体现象学的空间；二、启发了地理学空间的思考，例如苏贾就基于海德格尔的存在主义空间理论探讨了社会 - 时间 - 空间三者同存性的本体论；三、启发了城市规划学的思考，例如托马斯（Julian Thomas）依据海氏的定向与去远分析了空间的生产。

本书认为，海德格尔通过考察人对空间的设置，并把这种设置理解为现实的活动，突破了从意识角度、几何角度或物理学角度阐释空间的路径，从而展现了一种探讨空间的全新路径。但遗憾的是，海氏所考察的设置主体与物，无论是早期的此在（具有人类中心主义的特色）以及上手状态的用具（服务于此在的物），还是晚期的人（具有听从四重整体之召唤的神秘特色）以及居留四重整体的物（具有一种神秘的特色），都远未达到居于真正历史深处的现实个人与物（未曾触及马克思主义意义上的现实个人以及作为现实关系的物[①]）。正是由于对人与物之本质欠缺历史层面的深层思考，海德格尔虽然批判了意识视角、几何视角或物理视角下的空间理论，但在某种程度上，不论是在早期，还是在晚期：海德格尔的空间理论一直深陷"窘境"。海氏空间理论给我们的启发就是：从历史深处思考设置空间的主体与以及相关物。唯有如此，隐藏在历史深处的空间才能作为现象显现出来。

---

① 关于海德格尔对人之现实历史的悬置以及对作为关系之物的遮蔽，请参见邓晓芒的论文《什么是艺术作品的本源——海德格尔与马克思美学思想的一个比较》，载于《哲学研究》，2000 年第 8 期，亦可参见俞吾金的论文《存在、自然存在和社会存在——海德格尔、卢卡奇和马克思本体论思想的比较研究》，载于《中国社会科学》，2001 年第 2 期。

2.4.3　谱系学思维方式下的空间认知

如上所述，尼采首次取消了身体在哲学视野中的消极形象，并使之成为建构哲学理论的一个必要基石。在尼采的影响下，福柯发展出了一种谱系学的思维方式，并把后者运用到对现实生活的身体－空间问题分析，从而开辟了另类空间的分析路径，最终与列斐伏尔一道成为空间转向的先驱。据张一兵考察，福柯最早在 1966 年出版的《词与物》中提到了谱系学，但其时，谱系学尚被视为"传统生物学的物种连续性谱系树和分类谱系研究"；而在 1971 年的论文《尼采·谱系学·历史学》中，福柯把谱系学确立为一种与传统史学方法相对的新方法①。传统史学方法强调历史研究的时间线索，强调历史的起源和总体历史的线性发展；而福柯倡导的谱系学方法则强调历史研究中的他者，即强调微观历史中的异类存在。需要注意的是，虽然福柯明确提出谱系学的文本出现于 1971 年的《尼采·谱系学·历史学》；但在此前 1967 年应邀出现的一场建筑讲演中，福柯作了名为《另类空间》②的演讲，在其中，福柯实际上就已经在用谱系学的思维方式提出了作

---

①　张一兵：福柯的异托邦：斜视中的他性空间［J］，西南大学学报（社会科学版），2015，第 41 卷，第 3 期：5–10.

②　该讲演稿具有两种译文：一种是《另类空间》，王喆译，载于《世界哲学》，2006 年第 6 期；另一种是《不同空间的正文与上下文》，陈志梧译，载于《后现代性与地理学的政治》，包亚明主编，上海：上海教育出版社，2001。两种译本的最大差异在于对"heterotopia"的翻译不同：前者译为"异托邦"，后者译为"差异地点"。从学界研究现状看，"异托邦"的译法引用率较高，例如张一兵的论文《福柯的异托邦：斜视中的他性空间》（2015），赵福生的论文《Heterotopia："差异地点"还是"异托邦"——兼论福柯的空间权利思想》（2010），汪行福的论文《空间哲学与空间政治——福柯异托邦理论的阐释与批判》（2009），尚杰的论文《空间的哲学：福柯的"异托邦"概念》（2005）等。

为生活空间的另类空间。

在谱系学思维方式下，福柯开始审视了社会生活中的他者空间现象，开启了另类空间的转向。从文本依据看，福柯先后提出了生活空间和规训空间①这两种另类空间。

在 1967 年的《另类空间》中，福柯开篇就强调我们时代的焦虑更多地与空间相关。②在福柯看来，空间叙事曾一度作为一条主线贯穿在西方历史中，只是在近代才淹没在时间的叙事中；为此，他重提当代作为生活空间的另类空间，试图以此唤醒沉睡的空间叙事。福柯认为，西方空间叙事经历了两个重大转变：一、从中世纪的等级封闭空间向近代的延展无限空间的转变，即从神圣空间向数学均质空间的转变；二、从近代的延展无限空间向当代的场所关系空间的转变，即从数学均质空间向生活空间的转变。质言之，福柯认为，西方空间经历了神圣空间 – 数学空间 – 生活空间的转变。

生活空间既然是另类空间，自然有它的另类之处。首先，福柯把这种生活空间界定为"恰好在其中对我们的生命、时间和历史进行腐蚀的空间，腐蚀我们和使我们生出皱纹的这个空间，其本身也是一个异质的空间"③。福柯为什么会认为生活空间是一种腐蚀空间呢？原因在于，他把生活空间界定为一种由位置关系赋予的空间，而这种位置关系表面上体现着物与物之间的位置关系；但从深层次看，位置关系是人的生活的表现。由于生活中的人们经常会产生情感、幻想的

---

① 关于"规训空间"一词的文本依据请参见：〔法〕福柯：规训与惩罚［M］，刘北成，杨远婴译，北京：生活·读书·新知三联书店，1999：163。相应的，与规训空间相连的权利则被称为"规训权利"，参见同书，第 173 页。

② 福柯：另类空间［J］，王喆译，世界哲学，2006（6）：52-57.

③ 福柯：另类空间［J］，王喆译，世界哲学，2006（6）：52-57.

空间，因而正是这些情感空间腐蚀了人们的现实生命、时间及其历史。其次，福柯界定了生活空间中的乌托邦，它是"没有真实场所的地方"，是"完美的社会本身或是社会的反面，但无论如何，这些乌托邦从根本上是一些不真实的空间"①。从这里，我们看出，既然福柯认为社会本身是完美的，因而他所指认的生活空间是不同于社会本身的。进言之，福柯认为，生活空间的腐蚀性主要表现为这类不真实的乌托邦情感空间消耗了人们太多的精力、时间和生命。最后，福柯探讨了生活空间中的异托邦（heterotopia），这是福柯《另类空间》讲演中的重点内容，也是学界探讨颇多的问题。

为了区分异托邦与乌托邦，福柯借用了镜子的隐喻。人在照镜子时：镜子中的镜像人就是乌托邦，因为它是不真实的；但你通过这个镜子中的镜像人，你获得了一种矛盾的反思感：现实中的你既在某个现实地点同时又不在那个现实地点，此时你所处的现实地点就是异托邦。异托邦的本质在于它是一种反思情景下的真实的反场所：一方面，它是真实地存在于现世的某个场所；另一方面，在反思情景下，它又呈现为对这个场所的反抗。换言之，福柯赋予了异托邦一种反抗的形象。在福柯看来，异托邦具有下述六个特征或功能。第一，异托邦具有解决社会非常态的功能。例如，在传统社会，人们为了解决处于危机状态的个人、青少年或月经期的妇女、产妇等，通常会专门开辟一个特定空间，福柯称之为危机异托邦；而在现代，养老院、监狱、精神病所也是用于特定的偏离社会常态的人群，福柯称之为偏离异托邦。第二，异托邦具有随时代变迁而发生功能变迁的特征。例如，公墓，作为一种异托邦，在基督教主导的世纪中，尽管身体处于

①　福柯：另类空间［J］，王喆译，世界哲学，2006（6）：52—57.

贬低的地位，但埋葬尸体的公墓却一直位于城市中心或教堂的旁边，从而具有靠近人们生活的特征；但在基督教信仰淡化的 19 世纪以来，尽管西方开始意识到身体是人们在现世的最后见证，但埋葬遗体的公墓却被移居至城市的边缘地带，从而具有远离人们生活的特征。第三，异托邦具有聚合多重空间的特征。例如，作为异托邦的影院[①] 聚合了现世空间与银幕中的立体空间。第四，异托邦具有整合时间从而开辟异托时（heterochronies）的功能。这种整合，一方面表现为时间上的无限积累，例如图书馆这种异托邦就是把各个年代的书汇聚到一起，组成了汇聚时间但却免于时间摧毁的特殊时间即异托时；另一方面表现为时间上的错位链接，例如节庆、市集就是把平时不便展示的时间集中到某个特地时刻，这也体现为一种异托时，福柯称之为节日异托邦。第五，异托邦是一种具备开启和关闭的功能整体。这种异托邦的出入具有权限，它只面向特定的主体，例如军队、监狱。第六，异托邦具有创造幻想空间的特征，不过这种幻想空间不是想象中而是现实中的真实场所。例如，耶稣会会士在南美洲创立的殖民地就在当地规划了一种管理有序的美好空间。这种美好空间既掩藏了侵略与殖民的事实，又给当地被殖民者带去了一种被认为是美好的生活；这种美好空间被福柯称之为补偿异托邦，即殖民者补偿给被殖民者的空间。

　　如上所述，福柯生活空间理论所描述的对象都是作为社会的非常态空间，因而某种程度上，我们可将它看成是其谱系学思维方式的运思结果。深层次看，福柯描述的这些异质生活空间其实都离不开社会权利的运作。例如，军队、监狱、公墓、医院与精神病院的建设等都

---

① 　在福柯生活的年代，影院是一种新鲜的事物，可视为当时时代的异托邦。

关联于社会的权利。由此，我们也可以看出，生活空间是《规训与惩罚》中规训空间的理论前奏。

在 1975 年出版的《规训与惩罚》一书中，福柯把身体的规训置于权利－知识的框架中进行分析，提出了一种肉体政治学（body politic）。在此情形下，身体规训被视为"一组物质因素和技术，它们作为武器、中继器、传达路径和支持手段为权利和知识关系服务，而那种权利和知识关系则通过把人的肉体变成认识对象来干预和征服人的肉体"[①]。在福柯看来，身体是权利和知识的征服对象，这种征服的手段就是社会生活中的规训与惩罚，而规训与惩罚必然发生于一定的空间之中。由此，福柯就在权利－知识的框架中发现了身体规训—空间设置的关联。

福柯认为，身体规训，其主要目的不是为消极地惩罚肉体，而是积极地改造人使之更好地服务权利和知识。在这种身体规训的背景下，17、18 世纪的西方大量兴建各类工厂、学校、军区等各类空间，其目的在于把人群置于一个集体的空间下，通过当权者的纪律管制，从而规训与驯服大众，使之成为国家权力统治下的温顺公民。为了直观地阐释这种身体规训的空间，福柯详细分析了边沁所倡导的全景敞视建筑（panopticom）。这种建筑：整体来看是一个大的环形建筑，其中心则是一座瞭望塔；在四周的环形建筑中是一个一个的小房间，瞭望塔处于高位从而有利于俯瞰各个小房间。在福柯看来，这种建筑导致"在被囚禁者身上造成一种有意识的和持续的可见状态，从而确保

---

① 〔法〕福柯：规训与惩罚［M］，刘北成，杨远婴译，北京：生活·读书·新知三联书店，1999：30.

权力自动地发挥作用"①。从身体规训—空间设置的研究路径出发，福柯揭示了权力、知识与空间三者间的关系："空间是任何公共生活形式的基础。空间是任何权力运作的基础"②。

综上，福柯提出了两种另类空间，即生活空间与规训空间。其中，后者是对前者的深化。福柯把空间纳入了权力—知识的分析框架之下，把空间作为权力实现的基础，从而开辟了权力﹣空间关系的研究进路，这是他另类空间理论的重要理论贡献。需要指出的是，如果说空间是权利实现的基础，那么反过来，空间也是权利运作的结果，例如，"圆形监狱是权利命令创造的技术发明"③。此外，福柯从生活中的异质空间作为研究当代空间问题的突破口也具有重要的方法论意义，正如哈维所言，他启示着人们关注空间中的异质现象或差异化现象。

但是，福柯的另类空间理论也面临理论疑难。例如，汪行福指出，福柯的异托邦面临着三大理论困境：其一，福柯未能提出一个规范的标准，导致他未曾合理地区分两种异托邦：反抗意义的异托邦与统治的异质空间；其二，福柯未能把异托邦与生产方式以及历史形态联系起来思考，从而导致他遮蔽了异托邦的历史性；其三，福柯虽然给予了异托邦充分的反抗意义，但未能给予它一个明确的反抗方向，

---

① 〔法〕福柯：规训与惩罚 [M]，刘北成，杨远婴译，北京：生活·读书·新知三联书店，1999：226.

② 空间、知识、权力——福柯访谈录 [A]，陈志梧译；后现代性与地理学的政治 [C]，包亚明主编，上海：上海教育出版社，2001：13-14.

③ 权利的地理学 [A]，权利的眼睛 [C]，严锋译，上海：上海人民出版社，1997：207.

从而导致异托邦反抗的盲目与失效。^① 本书认为，汪行福是从福柯的另类空间之一即异托邦的层面指出了他的理论困境；但从整体性角度看，福柯的另类空间，不管是异托邦还是规训空间，它们均面临这一重大理论疑难：即由于这种理论立基于特殊的异质空间，那么用它来描述和分析普遍的生活空间就是不可能的。为此，只有人们把特殊性的异质空间证成为社会基础性的异质空间，这种另类空间的分析才具有普遍化的理论意义。这实际上就是列斐伏尔所开启的社会空间转向的关键点：通过发现资本主义生产方式造就的资本主义空间，重新激活了马克思恩格斯文本中沉睡已久的社会空间思想。

① 汪行福：空间哲学与空间政治——福柯异托邦理论的阐释与批判［J］，天津社会科学，2009（3）：11–16.

第3章 社会空间思想研究的探索历程

　　列斐伏尔倡导的社会空间转向不仅唤醒了马克思恩格斯文本中沉睡的社会空间思想，而且参与并推动了 20 世纪的社会空间批判理论思潮。探索社会空间理论的发展脉络，有必要追溯并重估马克思恩格斯的社会空间思想。回顾马克思恩格斯的文本，我们看到：他们开启了一种不同于前人的空间问题框架。对于当代国内外社会空间理论研究者而言，他们无不受惠于这种问题框架。当然，这些后继者并非简单地重复马克思恩格斯的社会空间思想，而是在借鉴这种思想的基础上力求深化、拓展以及作出一些新的发现。如果要评估众多研究者在社会空间发展历史中的理论地位，那么人们可以宣称：马克思恩格斯是社会空间思想的开拓者，列斐伏尔是社会空间思想的激活者，当代其他研究者则是社会空间思想的拓展者。

　　在结合研究者所处的时代状况基础上，本章尝试探讨两类问题：（1）马克思恩格斯社会空间思想所引发的问题，例如他们为何探讨空间、如何探讨空间以及这种探讨的意义等；（2）当代研究者的社会空间思想所引发的问题，例如他们对马克思恩格斯社会空间思想的继承问题、深化问题、拓展问题、误解问题等。由于这些问题内在于社会空间理论研究的发展史，本书概之为社会空间思想研究的探索历程。

3.1　马克思恩格斯的社会空间思想

社会空间转向的倡导者是列斐伏尔，这意味着：列斐伏尔使社会空间理论成为一门显学。但与此同时，我们要认识到，社会空间的思想在列斐伏尔之前就已初露端倪。例如，法国社会学家涂尔干（Emile Durkheim）早在其19世纪末就创造和应用了"社会空间"一词，其后该概念断断续续地被法国学界所使用①。而更往前追溯的话，我们发现：尽管马克思恩格斯没有明确地使用"社会空间"一词，但他们仍具有丰富的社会空间思想。总体而言，马克思恩格斯一反传统的空间叙事，开启了从生产角度探究空间的新叙事方式，从而为后继者的社会空间研究打下了坚实的理论基础。就此而言，马克思恩格斯可称为社会空间思想的开拓者。本节主要分为三个部分：第一部分探讨马克思恩格斯为何要探究社会空间，即他们探究社会空间问题的必然性；第二部分探讨马克思恩格斯如何讨论社会空间，即他们探究社会空间问题的问题框架；第三部分评价马克思恩格斯社会空间思想的理论意义以及当代学人对这种思想的相关解读。

3.1.1　马克思恩格斯探究社会空间的必然性

人们知道，马克思与恩格斯青年时期就已经对现实中的社会问题怀有浓厚的兴趣，并希望从对这些现实问题的分析中发掘出改变世界的新理论。例如，1844年2月《德法年鉴》上刊登的马克思与恩格斯的文章表明，他们在1844年之前就基本形成了关注现实的理论品格。

①　王晓磊：社会空间论［M］，北京：中国社会科学出版社，2014：71.

1844 年 8 月，马克思与恩格斯相会于巴黎。期间，他们在交谈中发现了双方有共同的理论兴趣与志向（其中包括对无产阶级问题的关注以及对其历史使命的坚信），这为他们今后的理论合作与分工打下了坚实的基础。此后，他们合作撰写了《神圣家族》、《德意志意识形态》（以下简称《形态》）、《共产党宣言》（以下简称《宣言》）等文本。在《形态》与《宣言》等文本中，马克思恩格斯通过对现实问题的分析逐渐发现了社会空间问题，并为他们今后对社会空间问题的思考打下了坚实的理论基础。

在《形态》一书中，马恩批判了德国青年黑格尔派的唯心史观，认为后者醉心于词句的斗争而忽视了对现实生活的关注与批判。就"现实"这一概念而言，黑格尔认为，"现实，作为具体的范畴，包含有前面那些范畴及它们的差别在内，也因此就是它们的发展"①。黑格尔从范畴出发思考现实，固然有唯心史观的不足；但他把现实看成发展的过程这一观点，则无疑对马克思恩格斯具有重要的启示。在《形态》中，马克思恩格斯认为，"感性世界绝不是某种开天辟地以来就直接存在的、始终如一的东西，而是工业和社会状况的产物，是世世代代活动的结果，其中每一代都立足于前一代所达到的基础上，继续发展前一代的工业和交往，并随着需要的改变而改变它的社会制度"②。这表明，马克思恩格斯认为，"现实"不是给定的静止生活状态，而是流动的历史，而且，这种流动的历史来源于人们的感性活动。而通过对人类感性活动的分析，马克思恩格斯分析了现实社会中各种感性要素的社会起源及其发展过程。这些感性要素包括所有制、

---

① 黑格尔：小逻辑［M］，贺麟译，北京：商务印书馆，2009：297.
② 马克思恩格斯选集（第一卷）［M］，北京：人民出版社，1995：76.

社会形态、城乡关系、住宅建筑等，其中后两者标明了马克思恩格斯社会空间思想的运思起点[①]。例如，就城乡关系这一特殊的感性对象而言，马克思恩格斯认为，"城乡之间的对立是随着野蛮向文明的过渡、部落制度向国家的过渡、地域局限性向民族的过渡而开始的，它贯穿着文明的全部历史直至现在"[②]。由于文明的沿革立基于分工与生产工具的发展，因而在这里，马恩阐述了私有制下的分工制造了城乡关系的空间对立，而消灭这种城乡空间的对立则有赖于那消灭私有制的真实共同体的出现。再如，就住宅建筑这另一特殊感性对象而言，马恩认为，"野蛮人的每一个家庭都有自己的洞穴和茅舍，正如游牧人的每一个家庭都有独自的帐篷一样"[③]，而在私有制下出现的城市则营建了大量的"公共房舍（监狱、兵营等）"[④]。这里，所谓野蛮人、游牧人、城市人，它们的背后都代表着一个特殊的生产方式，通过这种描述，马克思恩格斯阐述了生产方式的变迁导致了住宅空间的变迁。

在《共产党宣言》第一节中，马恩依据唯物史观的原则，阐释了封建制生产方式向资本主义生产方式的演变对社会造成的广泛影响，其中就包含对社会空间形态的重塑。这种空间重塑主要表现为：其一

---

① 李春敏认为，马克思《博士论文》中的空间思想构成了其社会空间思想的起点。参阅李春敏：《博士论文》：马克思空间思考的重要起点 [J]，天赋新论，2010 年第 4 期。李论虽有道理，但似乎把"起点"拉得过长。照此推论，伊壁鸠鲁的空间思想亦可以成为马克思社会空间思想的起点，因为正是对前者的批判构成了后者空间思考的支点。本书倾向于认为，马克思恩格斯社会空间思想形成的关键在于其唯物史观的形成，就此而论，马恩合著的《德意志意识形态》构成为马克思社会空思想的起点。

② 马克思恩格斯选集（第一卷）[M]，北京：人民出版社，1995：104.

③ 马克思恩格斯选集（第一卷）[M]，北京：人民出版社，1995：116.

④ 马克思恩格斯选集（第一卷）[M]，北京：人民出版社，1995：117.

为世界市场的建立，如"大工业建立了由美洲的发现所准备好的世界市场"①；其二为交通道路的发展，如"世界市场使商业、航海业和陆路交通得到了巨大的发展"②；其三为资产阶级存身空间的变化，如在以手工业为主的封建制下，这种存身空间主要为"独立的城市共和国"，在以机器工业为主的大工业和世界市场时期，这种存身空间主要为"现代的代议制国家"③；其四为无产阶级存身空间的变化，在封建制时期，这种存身空间主要为作坊，在资本主义时期，这种存身空间主要为现代公共房舍；其五为空间对立关系或不平等关系的世界化，如资本主义的发展"使农村从属于城市一样，它使未开化和半开化的国家从属于文明国家，使农民的民族从属于资产阶级的民族，使东方从属于西方"④。其六为资本主义克服自身内在危机的途径之一就是生产空间，如马恩所言，"资产阶级用什么办法克服这种危机呢？一方面不得不消灭大量生产力，另一方面夺取新的市场，更加彻底地利用旧的市场"⑤。从这六个方面的空间重塑看，马克思恩格斯揭示了资本主义社会实际上正在按照自己的要求创造出一个全新的全球性空间面貌，从而把空间重塑与资本主义生产方式关联了起来。

　　从以上论述中，我们看到，马克思恩格斯发现的唯物史观必然要求他们考察现实社会中的诸感性要素，而以城乡关系、住宅建筑、交通道路等为标志的空间正是这些感性要素的组成部分，因而马克思恩格斯考察社会空间问题具有历史观上的必然性。

---

① 马克思恩格斯选集（第一卷）[M]，北京：人民出版社，1995：273.
② 马克思恩格斯选集（第一卷）[M]，北京：人民出版社，1995：273.
③ 马克思恩格斯选集（第一卷）[M]，北京：人民出版社，1995：274.
④ 马克思恩格斯选集（第一卷）[M]，北京：人民出版社，1995：277.
⑤ 马克思恩格斯选集（第一卷）[M]，北京：人民出版社，1995：278.

3.1.2 马克思恩格斯的社会空间问题框架

在面对空间问题时，人们一般是以某个角度 X 为切入点尝试探索的，从而形成了"空间与 X"的问题框架（problematic）。就此而言，我们可以归纳出传统空间研究的三种问题框架：康德之前的空间理论主要是从物及其运动出发，考察空间与物及其运动的关系，从而形成了以"空间与物"的问题框架；康德的认识论革命使其从知识的生成角度出发，考察了空间与认识能力的关系，从而形成了以"空间与主体认识能力"的问题框架；黑格尔的绝对精神哲学使其从观念的辩证发展出发考察空间，从而形成了"空间与概念运动"的问题框架。

马克思恩格斯在批判旧哲学中发现了新哲学；就历史观而言，这表现在他们用唯物史观替代唯心史观分析社会问题。就社会空间问题而言，他们从感性活动的生产视角出发分析了各种形式的社会空间，从而把空间问题定性为人类社会的历史性问题，促成了一种"空间与生产"的问题框架。从哲学角度看，这种问题框架，一方面继承了康德思考空间的人学维度，另一方面也继承了黑格尔思考空间的生成维度，从而把空间问题置入到基于人类感性活动的宏大历史背景之中，实现了空间理论与现实物质生活生产之间的必然性关联。正是在这种问题框架下，马克思恩格斯不仅分析了西方整个历史视野中的空间发展历程问题，如城乡关系从对立向乡村城市化的演变以及住宅建筑样式的演变；而且重点分析了资本主义生产方式所导致的空间重塑问题以及城市住宅问题。针对资本主义生产方式下空间问题的分析无疑对列斐伏尔与哈维等西方学者的城市批判理论提供了丰富的思想资源。

由于"生产"在马克思恩格斯的文本中是一个广泛使用的多义性概念，例如生产方式、生产关系、意识形态的生产、人的生产，因而我们应该紧密结合生产的多义性开掘马克思恩格斯文本中"生产与空间"的问题框架。具体而言，马克思恩格斯的社会空间问题框架至少包括以下若干方面。

3.1.2.1　人的存在必然导致空间的生产：空间生产的存在论考察

从存在论上考察空间这一提法起于海德格尔，海氏认为设置空间是此在的基本存在方式。海氏关于空间的存在论考察启发了我们对马克思恩格斯文本中存在论空间思想的思考。不同于海德格尔直接地设定此在与空间的关联性，马克思恩格斯是通过把人规定为生产者进而得出人生产空间的观点。当然，马克思恩格斯对人的这种规定不是一下就形成的，而是有着一个反思黑格尔辩证哲学的过程的。

黑格尔的绝对精神哲学是一部概念的辩证发展史，而这种发展史得以进行的关键在于：每一个作为定在的概念必然要进行自我否定。没有这种概念的自否定，黑格尔的哲学是不可想象的。所谓概念的自否定就是：概念不满于自身的当下存在从而导致对自身当下存在状态的否定。青年马克思在批判黑格尔的辩证哲学时吸取了这种概念的自否定思想，并将之运用到对人的存在论思考中。在青年马克思的存在论视域中，人是存在于自然中的类存在物，而作为类存在物的人必然不满足于给定的状态，从而导致人必然要否定给定的状态进而形成属于人的历史。正如青年马克思所言：作为类存在物的人，他"必须既在自己的存在中也在自己的知识中确证并表现自身"，但"自然界，无论是客观的还是主观的，都不是直接同人的存在物相适合地存在着"，因而"正像一切自然物必须形成一样，人也有自己的形成过程即历史，但历史对人来说是被认识到的历史，因而它作为形成过程是一种有意识地扬弃自身的形成过程。历史是人的真正的自然史"①。人否定一切给定物，正如科耶夫所言："做人，就是不受任何特定存在的制约。人具有否定自然、否定自己的任何本性的能力"②。当然，在这里，这种否定不仅是主观中的否定，而且是行动中的否定，是历史过程中世世代代群体行动的现实否定。

在《形态》中，马克思恩格斯深化了关于人的存在论思想。如果说在《1844年经济学哲学手稿》中马克思把人规定为一种否定性的类存在物；那么在《形态》中，马克思恩格斯则直接把人规定为从事物质生产活动以满足特定生活需要的感性劳动者。换言之，人作为现实生产的动物，他必然按照自己的需求改变给定的自然。例如，在远古社会中的人类祖先为寻求躲避自然威胁（例如来自风雨雷电的天象威胁或来自猛兽的死亡威胁等）以及寻求满足衣食住行等物质生活资料的需要时，由于原初的自然界不会天然提供满足这些需要的物质资料，因而人们必须改变这些原初物质资料。

综上，人们可以看到马克思恩格斯对人的存在论规定作了一个深化：从作为否定的类存在物深化为进行物质生活生产的感性劳动者。这样一来，人们的存在过程首先就是一种物质生活资料的生产过程。当然，在这过程中，各种社会制度、意识形态都会开始形成。基于此，人们可以如此推论：由于人们的存在过程必然伴随着物质生活资料的生产，而空间又是物质的基本存在方式，因而物质生活资料的

---

① 马克思：1844年经济学哲学手稿［M］，北京：人民出版社，2000：107.
② 〔法〕科耶夫：黑格尔导读［M］，姜志辉译，南京：译林出版社，2005：55.

生产"同时也就生产了这些物质资料的空间形式"①。质言之，人作为生产者必然改变物质的空间形式，进而必然导致空间的生产，由此推之：空间生产是一种符合人的本质性存在的必然性生产方式。

3.1.2.2　社会空间的两种评价：历史性评价与道德性评价

在《形态》中谈到城乡对立空间时，马克思恩格斯认为：

"城乡之间的对立是随着野蛮向文明的过渡、部落制度向国家的过渡、地域局限性向民族的过渡而开始的，它贯穿着文明的全部历史直至现在。——随着城市的出现，必然要有行政机关、警察、赋税，等等，一句话，必要要有公共的政治机构，从而也就必要有一般政治。在这里，居民第一次划分为两大阶级，这种划分直接以分工和生产工具为基础。城市已经表明了人口、生产工具、资本、享受和需求的集中这个事实；而在乡村则是完全相反的情况：隔绝和分散。城乡之间的对立只有在私有制的范围内才能存在。城乡之间的对立是个人屈从于分工屈从于他被迫从事的某种活动的最鲜明的反映，这种屈从把一部分人变为受局限的城市动物，把另一部分人变为受局限的乡村动物，并且每天都重新产生二者利益之间的对立。在这里，劳动仍然是最主要的，是凌驾于个人之上的力量；只要这种力量还存在，私有制也就必要会存在下去"②

上述引文标明马克思恩格斯是从两种需求——第一种基于自然分工与私有制（以后还包括生产方式、生产力）这类非个体的需求，第

---

① 庄友刚：何谓空间生产——关于空间生产问题的历史唯物主义分析［J］，南京社会科学，2012（5）：36-42.

② 马克思恩格斯选集（第一卷）［M］，北京：人民出版社，1995：104.

二种是基于人这一特殊主体的需求——出发评价作为对立关系的城乡空间。

一方面，就自然分工而言，在马克思恩格斯的语境中，它是指非自愿的分工，"只要是分工还不是出于自愿，而是自然形成的，那么人本身的活动对人来说就成为一种异己的、同他对立的力量[①]，这种力量压迫着人，而不是人驾驭着这种力量"[②]。在自然分工下，"任何人都有自己一定的特殊的活动范围，这个范围是强加于他的，他不能超出这个范围：他是一个猎人、渔夫或牧人，或者是一个批判的批判者，只要他不想失去生活资料，他就始终应该是这样的人"[③]。质言之，自然分工需求一种禁锢人的异己空间，而城乡空间正是满足这种需求的空间，此即为对社会空间的历史性评价。

另一方面，当马克思恩格斯评价城乡对立空间塑造了"受局限的城市动物"与"受局限的乡村动物"时，他们提出了一种属于人的真正需求即全面发展的需求。这种需求没有空间的束缚，就好比在"在共产主义社会里，任何人都没有特殊的活动范围"[④]。虽然这种本真需求只有在共产主义社会才有实现的可能，而在史前史的社会中是一种可望而不可即的应然型需求，但马克思恩格斯允许用它来作为判定某种对象是否异化的标准。质言之，马克思恩格斯用人的本真需求评价了史前史社会中城乡空间的非正义性，此即本书所谓对城乡空间的道德性评价。

---

① 本书认为，所谓自然分工成了一种异己力量并非指生产力本身是异化的；而是指，人们的非自愿、非自觉的社会分工关系阻碍了生产力朝着有利于人们全面发展的方向前进。

② 马克思恩格斯选集（第一卷）[M]，北京：人民出版社，1995：85.

③ 马克思恩格斯选集（第一卷）[M]，北京：人民出版社，1995：85.

④ 马克思恩格斯选集（第一卷）[M]，北京：人民出版社，1995：85.

总之，马克思恩格斯对城乡空间给予了两种评价：一种是历史性评价，即认为城乡空间合乎自然分工与私有制的要求，具有产生的历史必然性；一种是道德性评价，即认为城乡空间因把人塑造为受局限的空间动物而不适于人的发展，具有道德上的非正义性。就此而论，人们可以推断：由于史前史社会中的生产力始终是不受人们自觉支配的异己生产力，并且只要人们不联合起来驾驭这种异己力量，那么空间的发展，一方面始终是优先满足异己生产力及其创生的私有制关系的需求，另一方面又对人进行了日益严峻的空间压迫（即空间的禁锢与剥夺）。

3.1.2.3　资本主义空间生产的批判：空间生产的个案考察

作为辩证法大师，黑格尔、马克思、恩格斯不仅会在历史的长河中考察对象的扬弃史，而且会在这段长河中择取特定发展阶段即定在进行相应的个案考察。例如，在黑格尔的唯心主义辩证哲学中，他就揭示了每一个概念定在是如何意识到自身的矛盾并进行自否定的。而在马克思恩格斯的唯物主义辩证法中，他们解释并批判了资本主义社会这一人类历史长河中的定在。在批判资本主义社会的过程中，马克思恩格斯初步实现了对资本主义空间生产的批判，此即本书所谓关于空间生产的个案考察。这种考察可分为四个方面。

首先，马克思恩格斯阐释了空间生产内在于资本主义生产方式。在《共产党宣言》中，马克思恩格斯认为，资本主义社会面临着生产力发展与私有制的内在危机，为了缓解这种危机，资本主义社会必然一方面消灭生产力，另一方面更新旧市场、开拓新市场。由于这种市场更新或开拓实质上就是一种空间生产，因而资本主义社会的空间生产是其缓解内在危机的手段。此后，在政治经济学手稿以及《资本论》等著作中，马克思进一步论述了资本主义生产方式必然蕴含空间生产。就《资本论》而言，哈维还专门探究过其中的空间思想，其解读成果即《空间的界限》（The Limit to Capital）。

其次，马克思恩格斯认为，资本主义生产方式不仅在其发展过程中要求空间生产，而且其起源同样关联于空间生产。在《资本论》最后两章中，马克思通过探讨资本的原始积累，深刻地阐释了空间生产对资本主义生产方式形成的促进作用。在"原始积累"章中，马克思认为原始积累只是生产者与其生产资料的分离过程，这种分离过程在空间维度上表现为："掠夺教会地产，欺骗性地出让国有土地，盗窃公有地，用剥夺方法、用残暴的恐怖手段把封建财产和克兰财产转化为现代私有财产——这就是原始积累的各种田园诗式的方法。这些方法为资本主义农业夺得了地盘，使土地与资本合并，为城市工业造成了不受法律保护的无产阶级的必要供给"①。马克思呈现这段历史事实，意在表明：只有通过对原有土地形态的变更，即通过把教会地产、国有土地私有化，才能为现代资本主义生产方式的兴起准备好空间条件。在马克思看来，由这种土地剥夺而造成的"土地所有权的垄断是资本主义生产方式的前提，并且始终是它的基础"②。在"现代殖民理论"章中，面对皮尔先生于新荷兰从事资本主义生产的失败经历，马克思反讽式地评价道："不幸的皮尔先生，他什么都预见到了，就是忘了把英国的生产关系输出到斯旺河去！"③。质言之，皮尔先生的失败在于他未将新荷兰的空间先行资本化，即未将资本主义

① 马克思：资本论（第一卷）[M]，北京：人民出版社，2004：842.
② 马克思恩格斯选集（第二卷）[M]，北京：人民出版社，1995：538.
③ 马克思：资本论（第一卷）[M]，北京：人民出版社，2004：878.

生产关系注入新荷兰的空间中。这两处论述显示：资本主义生产方式兴起的前提在于，以私有制为基础的空间关系必须预先进入非资本主义空间。

再次，马克思恩格斯阐述了资本主义空间生产具有自然社会化加剧、城市化规模化与全球化扩张的特征。第一，在青年马克思看来，"整个所谓世界历史不外是人通过人的劳动而诞生的过程，是自然界对人来说的生成过程"[①]，而随着资本主义生产方式的到来，这种自然界的生成过程就俞益加剧。在《形态》中，马克思恩格斯认为，"先于人类历史而存在的那个自然界，不是费尔巴哈生活其中的自然界；这是除去在澳洲新出现的一些珊瑚岛以外今天在任何地方都不再存在的、因而对于费尔巴哈来说也是不存在的自然界"[②]。马克思恩格斯的这段论述并未否认自然界的历史先在性，而仅仅指认了社会的发展将日益把原先的自然空间转化成社会空间。第二，就城市化规模化而言，在《政治经济学批判》（1857—1858 年草稿）中，马克思从生产方式角度考察了城乡关系发展史，认为"现代的历史是乡村城市化，而不像在古代那样，是城市乡村化"[③]，即乡村城市化是资本主义空间生产的重要特征。应该说，马克思的这一判断是有事实依据的，据统计，"1800 年，世界人口中只有 3% 的人生活在城市；1900 年，上升到 14%，到 1975 年，上升到 41%；预计到 2025 年将有 60% 的人生活在城市。除了都市人口的急剧增长以外，都市化在资本主义经济体制中所产生的作用也越来越巨大，因为空间及其都市社区资源都可以

---

①　马克思：1844 年经济学哲学手稿［M］，北京：人民出版社，2000：92.

②　马克思恩格斯选集（第一卷）［M］，北京：人民出版社，1995：77.

③　马克思恩格斯全集（第 46 卷上）［M］，北京：人民出版社，1979：480.

用来生产利润"①。第三，就全球化扩张而言，马克思恩格斯认为，当代资本主义空间生产具有向世界范围内扩张的趋势。在《宣言》中，他们认为，在资本主义社会中，"正如它使农村从属于城市一样，它使未开化和半开化的国家从属于文明的国家，使农民的民族从属于资产阶级的民族，使东方从属于西方"②。

最后，在马克思恩格斯看来，由于资本主义的异己性，资本主义空间生产会造成各种形式的空间异化危机。第一，它加剧人与自然之关系的危机。资本主义空间生产异化了人与自然的有机联系，从而造成人与自然的双面危机："一是人类在实践活动中并没有真正占有自然，而是造成人与自然的背离；二是异己的自然力量统治着世界大自然以生态危机的形式回馈于人类"③。故此，资本主义社会对自然的每一次征服都潜藏着自然危机，从而极易遭到自然的报复。对此，恩格斯曾有警示，人们"不要过分陶醉于我们人类对自然界的胜利。对于每一次这样的胜利，自然界都对我们进行报复。每一次胜利，起初确实取得了我们预期的结果，但是往后和再往后却发生完全不同的、出乎预料的影响，常常把最初的结果又消除了"④。第二，它加剧城市危机。在马克思恩格斯时期，城市问题就开始凸显，主要表现为工人居住权的丧失或住房困境。在《论住宅问题》中，恩格斯认为，在资本主义社会中，"最污秽的猪圈也经常能找到租赁者"，"在这样的社会

---

① 现代性与都市文化理论 [M]，包亚明主编，上海：上海社会科学院出版社，2008：1.

② 马克思恩格斯选集（第一卷）[M]，北京：人民出版社，1995：277.

③ 刘燕：从劳动异化到生态异化：马克思的资本批判逻辑 [J]，宁夏社会科学，2015（6）：4-8.

④ 马克思恩格斯选集（第四卷）[M]，北京：人民出版社，1995：383.

中，住房短缺并不是偶然的事情，它是一种必然的现象"①。第三，它
加剧全球范围内的不平衡空间危机。在《宣言》中，马克思恩格斯论
述了资本主义空间生产从城市化向世界化扩张的趋势。这种扩张当然
不是平等的、温情脉脉的，而是不平等的。对此，哈维认为，"若没
有内在于地理扩张、空间重组、和非均衡地理发展的可能性，资本主
义在很久以前就不再发挥政治经济体系的功能了"②。质言之，以全球
化扩张为趋势的资本主义空间生产是一种不平衡地理的扩张。

3.1.2.4 时间与空间在感性活动中的统一：时空整体论的考察

在康德那里，空间与时间作为主体的两种直观形式，是分开的而
非统一的；只有到了黑格尔那里，时间与空间才第一次取得了辩证的
统一关系，并且这种统一基于绝对精神的自否定运动。而谈到马克思
主义的时空观，人们首先想到的是恩格斯的自然时空观。这种自然时
空观认为：自然界是由运动着的物质构成的，而时间与空间就是物质
运动的存在方式。借此，恩格斯就在自然界的物质运动中实现了时间
与空间的统一。对于这种纯粹自然界中的时空统一观，我们不作过多
的论述。我们准备探讨的是马克思的社会时空观。此外，本书认为，
作为马克思的战友，恩格斯亦会认同马克思的社会时空观。

马克思的时空观散见于诸多文本，本书只择取常被引用的两处文
本进行分析。

在《1857—1858 经济学手稿》笔记本 V 第二篇"资本的流通过

---

① 马克思恩格斯选集（第三卷）[M]，北京：人民出版社，1995：167.
② 哈维：马克思的空间转移理论——《共产党宣言》的地理学 [J]，郇建立编
译，马克思主义与现实，2005（4）：22-32.

程"中，马克思从资本增值的视角出发分析了商品流通中时间与空间的关系。在马克思看来，资本增值最大化，一方面取决会社会必要劳动时间的缩短，另一方面也需要商品流通周期的最小化。由于商品流通发生于特定的空间，因而诚如马克思所言，要缩短商品的流通时间，那么"资本一方面要力求摧毁交往即交换的一切地方限制，征服整个地球作为它的市场，另一方面，它又力求用时间去消灭空间，就是说把商品从一个地方转移到另一个地方所花费的时间缩减到最低限度"①。此处，"用时间消灭空间"的思想意味着，资本应该在商品流通的过程中通过弱化空间障碍从而达到缩短商品流通时间的目的。这表明马克思已经从商品流通的角度审视了时间与空间的统一，这种统一表现为：空间障碍的弱化就是流通时间的缩短，即时间变化与空间变化的同步性。由于时间与空间均臣服于资本增值，因而它们是一种异化了的时空。

在《经济学手稿（1861—1863）》中，马克思在谈到剩余劳动时间与工人生存状况的关系时，提到了一种个人发展的时间（或谓之闲暇时间、自由时间）。他认为，"时间实际上是人的积极存在，它不仅是人的生命的尺度，而且是人的发展的空间"，但是随着资本对人之生存的渗透，"剩余劳动时间成了对工人精神生活和肉体生活的侵占"②。在马克思看来，工人在履行完必要劳动时间后，还要为资本家额外支付一定的时间即剩余劳动时间，为资本家生产剩余价值；如此，剩余劳动时间就挤压了工人的个人发展时间，从而使工人俞益局限于商品生产的空间，俞益窄化了工人的发展空间。而本来的情况应

---

① 马克思恩格斯全集（第30卷）[M]，北京：人民出版社，1995：538.

② 马克思恩格斯全集（第47卷）[M]，北京：人民出版社，1979：532.

是，工人尽可能地利用其必要劳动时间以外的时间，走出产品生产的
空间，利用社会提供的条件全面地发展自己的兴趣与爱好，从而培养
和发展个人的积极空间（或谓之闲暇空间、自由空间），彰显个体的
存在价值。因而，在这里，马克思区分了两种时空统一：其一，从商
品生产的角度出发，建构了一种商品生产时间与商品生产空间的统
一，这种统一表现为商品的生产通过控制工人的时间从而把工人束缚
在特定的空间；其二，从个人发展的角度出发，建构了一种个人发
展时间与发展空间的统一，这种统一表现为个人的感性活动利用其
充足的时间趋向于丰富多样的感性空间，从而培育和发展个人的积
极空间。

综上，马克思从商品流通（商品需要个人的感性活动去流通它
们）、商品生产（商品需要个人的感性活动去生产它们）与个人发展
（个人需要自己的感性活动去发展自身）三个层面阐释了时间与空间
的统一关系。这三个层面实际上可概括为属人的感性活动：只不过前
两者表现为异化了的劳动，后者表现为人的真正感性劳动。总之，如
果说恩格斯在自然界中构建了基于物质运动的自然时空统一观，从而
实现了在自然领域对黑格尔时空观的扬弃；那么马克思则在人类社会
中构建了基于人之感性活动的社会时空统一观，从而实现了在社会领
域对黑格尔时空观的扬弃。因而，马克思恩格斯由于其理论分工，在
各自领域实现了唯物史观视域下的时空统一观。

3.1.3　马克思恩格斯社会空间思想的评价

马克思恩格斯社会空间思想的创新首先是一种哲学认识论的创
新。在康德之前，人以一种静观的认识者身份将自身对立于空间，使

空间成为一种与人无涉的外在空间。康德在借鉴主体性哲学的过程中，将空间置入了人的认识论框架之中，首次将空间与人关联了起来，破除了人与空间无涉的认识论谬误。但康德的空间观失误表现在，他仅仅在现象界确认了空间与人的联系，而在实在界放逐了人与空间的联系。黑格尔通过绝对精神的观念辩证法，抽象地肯定了空间在绝对精神内的生成，即将空间置入了一种生成的视域之中考察。黑格尔的贡献是，把空间置入到动态的生成之中，使空间进入到流动的状态从而摆脱了被给予的静止状态；其缺陷是，把这种流动的空间局限在观念的生成境地，而未置入到现实世界的生成境况。我们看到，从康德到黑格尔，空间思想经历了两个重要转变：其一，空间不再是与人无涉的独立事物，而是内在于人的先天要素；其二，空间不再是静止不动的事物，而是观念生成中的一环。如果模仿《关于费尔巴哈的提纲》第一条来陈述马克思恩格斯之前的空间研究方法，我们将会作如下陈述：康德之前的一切空间研究方法的主要缺陷是，对空间，只是从与人无涉的客观形式或直观形式去理解，不是把它当作与感性的人的活动相关的事物，没有从人的角度去理解空间；而康德与黑格尔的唯心主义空间研究方法诚然看到了空间的人学维度，但由于他们不知道现实的人的感性活动本身，因而他们的主要缺陷是未曾看到空间与人感性实践的关联。马克思恩格斯从生产出发分析空间，可视为对康德空间观与黑格尔空间观的扬弃：既把康德之主观唯心主义的主观主体改造为在世活动的现实主体，又把黑格尔之客观唯心主义的观念生成改造为现实社会的历史生成。

在马克思恩格斯那里，我们看到：马克思恩格斯是在其关注与批判现实的理论品格指引下，通过用唯物史观分析以城乡关系、住宅建筑、交通道路等为标志的空间问题，开启以生产为原则解释空间、批判现实的认识理路，创造性地建构了"空间与生产"的新问题框架，从而提出了丰富多维的空间思想。马克思恩格斯从物质生产出发考察了空间生产与人类发展的历史性关系。尤其是他们对资本主义城市的批判使他们对"资本主义制度的控诉具体化。同时，它也揭露了经济体制是如何破坏和摧毁人类居住地点的。在之后的几十年里，这些具有深刻洞察力的观点成为无数重要的理论和实证研究的源泉"①。此外，如果说资本主义社会终要被社会主义社会所取代，那么资本主义的空间生产模式也必要被社会主义的空间生产模式所取代。这就意味着：人类的解放必然伴随着空间维度的解放。

以上就是本书所理解的马克思恩格斯社会空间思想的历史性贡献。作为本节结尾，本书认为，有必要澄清一个问题，即西方学者所提出的马克思恩格斯有无忽视空间的问题。

国内外学者普遍承认马克思恩格斯具有社会空间的思想，但是就马恩二人是否忽视了社会空间而言，他们有不同的看法。国外研究者列斐伏尔、哈维、苏贾从方法论视角出发，认为马克思（包括恩格斯）忽视了社会空间。例如，列斐伏尔认为：

"长期以来，反思性思想及哲学都注重二元关系。干与湿、大与小、有限与无限，这是古希腊贤哲的分类。接着出现了确立西方哲学范型的概念：主体－客体、连续性－非连续性、开放－封闭等。最后则有现代的二元对立模式：能指与所指、知识与非知识、中心与边

---

① 安东尼·奥罗姆：城市的世界——地点的比较分析和历史分析［M］，曾茂娟、任远译，上海：上海人民出版社，2005：12–13. 需要指出的是，奥罗姆原文是说，恩格斯的城市理论具体化了马克思的资本主义批判理论并影响了后世城市批判理论。但在本书看来，这种阐释是片面的，因为马克思恩格斯二人无论是在合著还是在各自的独著中都具有丰富的城市批判思想。

缘……（但）难道永远只是两个项之间的关系吗？始终有三项关系，始终存在他者。"①

在列斐伏尔看来，这种二元辩证法同样存在于马克思主义中，如资本－劳动、资产阶级－无产阶级、经济基础－上层建筑、生产力－生产关系。这种二元叙辩证法的叙事应该添加"空间"因素：例如，"资本－劳动"的二元关系应转换成"资本－劳动－土地"的三元关系；"实践－意识"的关系应转换成"空间的实践（spatial practice）－空间的表征（representation of space）－表征的空间（representational space）"。质言之，列斐伏尔认为马克思的辩证法经常强调二元对立而忽视了空间维度；哈维认为，马克思、涂尔干、韦伯等人倾向于把"时间和历史置于比地理和空间的优先地位"②；苏贾认为，马克思对资本主义的分析，如同科学的概念，是"建基于从时间和地点的具体性解脱出来的普遍法则"，如此一来，"地理的不平衡发展不单单毫不相关，它还在界定上和逻辑上被排除在外"③。国内研究者王晓磊似也赞同国外学者的观点，他认为，"马克思主义本质而言是一种历史决定论，马克思对历史的或时间的维度的重视和使用远远超过地理的或空间的维度"④。

针对国外学者对马恩忽视空间的指责，国内学者大致从三种路

---

① 索杰：第三空间：去往洛杉矶和其他真实和想象地方的旅程［M］，陆扬等译，上海：上海教育出版社，2003：067.

② David Harvey：*The Urbanization of Capital*［M］，Oxford：Basil Blackwell Ltd，1985，p xi.

③ 苏贾：后现代地理学——重申批判社会理论中的空间［M］，王文斌译，北京：商务印书馆，2007：158.

④ 王晓磊：社会空间论［M］，北京：中国社会科学出版社，2014：11.

径进行了反驳。第一种反驳路径是梳理马克思恩格斯文本中的空间思想。通过这种梳理，他们试图指认马恩具有明确的社会空间思想；而那些认为马恩忽视空间的人实质上是没有足够地重视马恩的空间思想。例如，李春敏通过梳理马克思恩格斯文本中的社会空间思想，认为他们具有明确的社会空间思想。第二种反驳路径是从现实生产力水平出发指出马克思恩格斯忽视空间的客观原因。这种路径的重点在于：不是马克思恩格斯二人本身不重视空间，而是当时空间生产的欠发展状况使马克思恩格斯未能意识到空间问题的重要性。例如，庄友刚认为，空间生产之所以成为当代理论界的重要议题，其原因就在于现代城市化的大规模展开[①]。在庄友刚看来，列斐伏尔等人之所以能转向社会空间，根本原因在于他们所处时代的城市化程度比马恩所处时代的城市化程度更为明显。第三种反驳路径是方法论的反驳，这种路径的核心要点在于指认马克思恩格斯的辩证法重视了空间。例如，王南湜从方法论角度批驳了国外学者的主张，他认为：马克思的辩证法是一种立基于经验世界的共时性逻辑体系，这种共时性逻辑体系必然内在地重视空间；因而列斐伏尔、哈维、苏贾等人必然是误读了马克思的辩证法才导致他们认为马克思忽视了空间。但费解的是，王南湜进而主张马克思有一种空间主义，他认为，"马克思后期思想决非看重时间过程的'反空间主义'，而正是对于'空间性'的科学逻辑之优先地位的确认"，因而在马克思的后期思想中，"特别是在《资本论》及其手稿中，表现出来的不但不是'反空间主义'的，而且在某

---

① 庄友刚：西方空间生产理论研究的逻辑、问题与趋势［J］，马克思主义与现实，2011（6）：116–122.

种意义上正是一种‘空间主义’”①。

如上所述，我们看到，国外学者从方法论的角度出发批评了马克思恩格斯的辩证法忽视空间，因而马恩文本中的空间思想才显现出琐碎、杂乱、不成体系的状态；而王南湜同样是从方法论的角度，认为马克思的辩证法作为共时性的辩证法必然重视空间，某种程度上还会导致一种空间优先的空间主义。本书认为，王南湜通过重构马克思的辩证法，认为这种方法重视空间，从而批判国外学者对马克思恩格斯的错误指责，这无疑是合理的；但另一方面，他又指认马克思的方法论将导致一种空间主义，那么这是否会陷于另一种理论指责即忽视时间了呢？

本书认为，当代国外研究者认为马克思恩格斯忽视了空间，恰如马克思恩格斯之前遭受的人学空场指责一样是不合理的。马克思恩格斯的唯物史观必然要求他们观照现实，而无论是人、时间还是空间，它们都是现实的一部分，因而他们关注时间、空间、人有其历史观上的必然性。而且，他们观照人、时间、空间，并非逐一地对三者进行集中、系统、体系化的阐释，而是把它们融入历史生成过程的分析中进行阐释。由于马克思恩格斯毕生力求避免为体系而体系的理论写作风格，因而这导致他们的空间思想过于分散，使他们未能以肯定式的命题作出过有关空间的主张。也许正是这种散乱的表述方式才导致国外学者误认为马克思恩格斯忽视了空间，进而迫使他们从方法论上寻求马克思恩格斯忽视空间的依据。

---

① 王南湜：解释"时空压缩"现象需要"空间转向"吗？——一种基于扩展马克思剩余价值论的透视［J］，学习与探索，2015（1）：1-11.

3. 2　当代社会空间理论的研究路径

马克思恩格斯逝世之后，他们的社会空间思想断断续续地延续于各国马克思主义者的理论之中，如列宁的帝国主义理论、卢森堡的资本积累理论均涉及社会空间思想。但客观地说，一方面，由于苏联确立的一套体系化的辩证唯物主与历史唯物主义成为具有广泛影响力的权威马克思主义，而在这套权威马克思主义中，马克思恩格斯的空间思想被简化为关于物之广延性存在方式的理论，由此造成了以自然空间理论同化马克思恩格斯文本中社会空间思想的倾向；另一方面，由于西方马克思主义开创者之一卢卡奇从黑格尔的辩证法角度解读马克思，从而使马克思主义呈现为一种强调历史与时间之优先性的哲学。长期以来，这两个方面遮蔽了马克思恩格斯文本中的社会空间思想。

直到 20 世纪的法国马克思主义者列斐伏尔倡导了社会空间转向，马克思恩格斯文本中沉睡着的社会空间思想才逐渐得以苏醒，并成为后人探究社会空间思想的宝贵资源。列斐伏尔的社会空间转向不仅激活了马克思恩格斯的社会空间思想，而且客观上参与推动了西方社会理论界的空间转向。社会空间转向不仅把城市建设、日常生活、全球化等现实空间问题置入了马克思主义视域下的空间批判学之中，而且使空间成为当代人文社会科学的一个重要理论生长点，"空间认识论成为社会科学研究的一个基本方法论"①。

列斐伏尔之后，诸多国外研究者卡斯特（Manuel Castells）、吉登斯

---

①　庄友刚：西方空间生产理论研究的逻辑、问题与趋势［J］，马克思主义与现实，2011（6）：116–122.

（Anthony Giddens）、哈维（David Harvey）、詹姆逊（Fredric Jameson）、普兰扎斯（Poulantzas）、苏贾（Edward W. Soja）、萨克（Robert David Sack）、赛雅（Sayer）等人从各个层面思考了社会空间理论。相关研究成果大量涌现，例如卡斯特的《网络社会的崛起》、吉登斯的《历史唯物主义的当代批评》、哈维的《资本的限度》与《资本的城市化》、詹姆逊的《晚期资本主义的文化逻辑》、苏贾的《后现代地理学》等。总体而言，这些学者有的整合了马克思恩格斯文本中原本散乱的空间思想；有的开辟了新的空间问题，如卡斯特提出的网络社会。本书认为，尽管有对马克思恩格斯社会空间思想的误解，但西方学者仍拓宽了由马克思恩格斯开辟的社会空间批判视野，从而为社会空间思想的进一步发展打下了一定的理论基础。

20世纪90年代左右，社会空间理论思潮开始引起国内马克思主义学者的重视，促成了当代中国理论界的社会空间转向。这种研究大致有三种路径。其一，译介国外社会空间文论，相关专著如列斐伏尔的《空间和政治》（2008）、哈维的《希望的空间》（2006）、苏贾的《后现代地理学》（2007）及其《寻求空间正义》（2016），相关论文如哈维的"论地理学的历史和现状：一个历史唯物主义宣言"（1990）、列斐伏尔的"《空间的生产》节译"（2005）等。其二，对国外社会空间理论以及马克思恩格斯社会空间思想的系统研究，相关专著如高鉴国的《新马克思主义城市理论》（2006）、孙江的《空间生产》（2008）李春敏的博士论文《马克思的社会空间理论研究》（2012）、潘可礼的博士论文《社会空间论》（2012）、王晓磊的博士论文《社会空间论》（2014）等，相关论文如"马克思主义与空间理论"（胡大平，2011）、"空间的社会逻辑——关于马克思恩格斯空间理论的思考"（胡潇，2013）、"西方空间理论生产研究的逻辑、问题与趋势"（庄友刚 2011）

等。其三，审视国内空间生产现状，相关专著如王志刚的《社会主义空间正义论》（2015），相关论文如"空间正义——当代中国可持续城市化的基本走向"（任平，2006）。总体而言，虽然国内社会空间研究起步晚，在研究路径层面多少还有点依赖于国外社会空间理论，但在论证以及马恩文本社会空间思想的疏解等方面有自己的创新。

面对如此之多的国内外社会空间理论研究者，我们该如何疏解他们的思想呢？如果逐个地梳理与评价他们的社会空间理论，那么这诚然有助于直观地了解他们每个人的思想样貌；但由于他们相互之间所论述的主题以及他们得出的观点均有不少相近之处，因而逐一论述难免有重复之嫌。

本书认为，梳理国内外社会空间思想的合理做法是从整体上把握社会空间问题。按照这种把握，我们不必按照时间上的先后顺序或国别上的国内外之分对每一位研究者的社会空间思想作单个的全景式扫描，从而可以避免阐述上的重复之嫌。按照这种思路，我们能打破学者之间以及国别之间的学术壁垒，对整个社会空间问题研究的走势作一个整体性的把握，从而能更有利地评估相关研究者的历史贡献。在本书看来，从整体上梳理国内外社会空间理论，大致可按照这三种路径：第一，当代社会空间研究的合法性证明；第二，社会空间的研究路径；第三，社会空间研究的价值旨归。由于在文献综述部分，本书已对社会空间理论中的相关概念作了文献综述，故本节不再赘述相关概念的具体详情，而是在下一节再作出相关阐释。

3.2.1　社会空间理论研究的合法性证明

自哲学从古代本体论向近代认识论的转变伊始，近现代哲学研究者提出一种理论的重要任务就是证明该理论具有诞生的必要性。换言之，他们得证明社会需要这种理论，此即本书所谓理论的合法性证明。因此，对于社会空间理论而言，相关研究者亦有必要揭示社会需要社会空间理论的依据。本书认为，国内外学者对社会空间研究的合法性证明具有两种形式：一种是认识论的证明；一种是本体论的证明。

3.2.1.1　认识论的证明

对社会空间何以必要进行认识论上的证明，意味着追问传统的空间概念在解释当代空间实践中陷入解释乏力的原因。列斐伏尔率先从法国的空间实践出发进行了这种追问。

二战以降，法国面临着地区之间的发展不平衡问题。为了解决这类问题，法国在 1955 年颁布了"国土整治令"，从而拉开了法国国土整治规划的序幕。这场国土整治计划以平衡地区发展为目标，在方案上遵循分时间段推进：19 世纪 50 年代的目标为促进产业平衡；19 世纪 60 年代的目标为促进城市平衡；19 世纪 70—80 年代的目标为促进城乡平衡，振兴老工业基地；20 世纪 90 年代的目标为促进人与自然的平衡。其中，1960 年 3 月 24 日，为了推动城市平衡，法国成立了 DATAR（国土整治与地区行动部署）这一政治机构[①]。我们看到，正是该机构（即 DATAR）所推动的城市规划与乡村改造成为了列斐伏尔开启社会空间转向的现实契机。在某次采访中当被问及为何对社会空间理论产生兴趣时，列斐伏尔如此回答：

"我工作的起点是 DATAR（国土规划与地方运作评议会）。……

---

① 刘慧：法国国土规划与理论实践。参见 http://www.zdpri.cn/newsite/sanji.asp?id=223031

但某种新的东西正在出现；关于空间规划和实践的理念就此诞生。……毕竟，与传统的城市发展描述相比，如何建立新城镇，重新开发老城镇是一个全新的方式方法问题。……DATAR 致力于从各种值得推敲、有时甚至是灾难性的观点中对法国进行重组。……这无疑是独一无二的法国现象。据我所知，还没有很多其他国家已超越预算的财政规划阶段而直接进入空间规划阶段"①。

作为一名马克思主义学者，列斐伏尔非常关切对资本主义社会存续的解释与批判。正如苏贾所言，"列斐伏尔著述的显著特点，就是执着地寻求对以下问题进行一种政治理解：资本主义缘何并以何种方式从马克思时代充满竞争的工业形式生存到今天先进的、由国家管理的并且是寡头卖主垄断的工业资本主义"②。在这种问题视域下，列斐伏尔开始把他对法国空间规划的关注引入到对资本主义存续的思考中。当然，在这种引入中，列斐伏尔借鉴了再生极理论。正是在这种引入与思考中，列斐伏尔在《资本主义的幸存》一书中提出了下述开启空间转向意义的主张：

"一个世纪以来，资本主义发现自己有能力缓和（如果不是消除的话）它的内在矛盾；结果就是，自《资本论》发表 100 年来，资本主义已经成功地实现了各种'增长'。我们无法计算资本主义实现这些增长的代价，但知道它的手段：占有空间，生产空间"③。

---

① 爱德华·W·苏贾：后现代地理学——重申批判社会理论中的空间 [M]，王文斌译，北京：商务印书馆，2007：76，参见注释 1.

② 爱德华·W·苏贾：后现代地理学——重申批判社会理论中的空间 [M]，王文斌译，北京：商务印书馆，2007：138-139. 与原译文相比，引文有少数改动.

③ Henri Lefebvre：*The Survival of Capitalism* [M]，Translated by Frank Bryant，New York：St. Martin's Press，1976，P21.

面对上述主张，列斐伏尔发现了两个理论缺失：其一，经典马克思主义缺乏空间向度（当然，这是一种谬见，它导致了国外学者对马克思恩格斯社会空间思想的误判）；其二，传统空间概念与空间规划之间的脱节。这种脱节现象表现为：一方面，虽然人们已制作了诸多空间概念，但它们至多被视为空洞无物的领域；另一方面，在具体的空间规划实践中，人们又感到需要提炼一种新的空间概念，从而"将空间从一种碎片式的表象与认识形式中解救出来，而引向一个全新方向（即空间生产的方向，本书注）"①。这种脱节实质上是空间理论（传统空间概念）与空间实践（当代空间生产）之间的矛盾；在列斐伏尔看来，解决这种矛盾必须从革新空间的概念出发，社会空间概念就是这种革新的产物。

哈维接续列斐伏尔的认识论论证。在哈维看来，时间与空间是人类存在的基本范畴，但人们似乎经常是从常识的直观意义上单一地理解时间与空间，而忽视了它们的多样性。就时间而言，在常识现象中，人们生活在一个自然界与社会的周而复始的运动（前者如日出日落、后者如上班、下班）之中，人们的直观意识把这种运动理解为一种向前向后的可靠运动，并据此得出时间是一种单一的客观自然事实。就空间而言，人们同样是根据自然界与社会的常识现象（前者如日出东方、日落西方，后者如体积测量）出发，得出空间是一种单一的可供测量的自然事实。总之，传统视野中的时间、空间正是"通过指定的常识意义上的日常含义而被'自然化'了"②，成为单一客观的

---

① 列斐伏尔：《空间的生产》新版序言（1986）［A］，刘怀玉译/社会批判理论纪事．第1辑［C］，张一兵主编，北京：中央编译出版社，2006：177.

② 戴维·哈维：后现代的状况——对文化变迁之缘起的探究［M］，阎嘉译，北京：商务印书馆，2003：253.

观念，而这正是哈维要挑战的旧时空观念。

与单一客观的时空概念相反，哈维建议应从人类建构的角度理解时空。就现代物理学而言，人们对空间与时间的理解"是一种思维的产物，依赖于对物质构成和宇宙起源的特定看法"①。易言之，时间与空间只是物理学家在调查物质过程中建构出来的概念，因而是主体建构的产物。类似的，在哈维看来，"时间和空间的客观概念必定是通过服务于社会生活再生产的物质实践活动与过程而创造出来的"②。值得注意的是，尽管哈维认为，时间与空间是人为地建构出来的产物，但他并未将时间、空间完全界定为主观存在，正如他本人所言："我不会为在总体上消解客观－主观的差别而进行论证，相反，我将坚持认为我们认识到了人类实践活动在其建构中的作用"③。

以上，我们看到，列斐伏尔和哈维都从认识论的层次上，指认了社会实践中潜藏着传统空间概念难以解释的实践，由此造成了空间实践与既定空间概念的矛盾。对这种矛盾的解决，不能选择无视空间实践，而只能是革新既有的空间概念。社会空间正是解读这类实践的新空间概念。此外，尽管列斐伏尔和哈维谈到了空间实践、空间生产这类代表实践活动的词语，但他们都没有直接而明确地证明时间、空间与社会实践在本体论上的同等重要性。换言之，在他们那里，社会空间的证明更明显地关乎认识论而非本体论。

---

① 戴维·哈维：后现代的状况——对文化变迁之缘起的探究 [M]，阎嘉译，北京：商务印书馆，2003：254.

② 戴维·哈维：后现代的状况——对文化变迁之缘起的探究 [M]，阎嘉译，北京：商务印书馆，2003：255.

③ 戴维·哈维：后现代的状况——对文化变迁之缘起的探究 [M]，阎嘉译，北京：商务印书馆，2003：254.

3.2.1.2　本体论的证明

经历了认识论的洗礼之后，人们谈论的本体论不再是传统哲学中的实体论，而是主要表现为存在论。存在论主要讨论如何生成这一问题。如果说社会空间的认识论解决的是空间实践与传统空间概念之间的脱节，那么社会空间的本体论解决的是空间参与社会整体的建构，即探讨社会空间如何生成的历史。从国内外学者的论述而言，本书认为国外学者苏贾与国内学者庄友刚各自给出了一种社会空间的本体论证明。

对苏贾而言，空间成为弥漫于社会的一个幽灵：它可以融化于生产力，亦可变身为生产关系的一部分，最后还可以直抵意识形态深处。苏贾是最早明确提出对社会空间进行本体论证明的人。在苏贾看来，对社会空间进行本体论证明，并不是设立一种空间唯我独尊的空间主义；相反，这种本体论证明旨在设立空间、时间与社会三者相互平衡的同存性，即在本体上的同等重要性。苏贾对社会空间的本体论证明具有两种形式：一种是存在主义的论证，一种是唯物主义的论证。

所谓存在主义的论证是证明人的存在、生成与空间性息息相关，它主要包括两个方面的论证。一方面，人在世界的客观化过程中通过创造一种空间上的距离实现人与自然的分离，在这种分离中，人意识到自身的存在与生成。没有这种空间分离，人将难以认识自身的生成特性，从而"海德格尔的'此在'，萨特的自为的存在抑或自在的存在，则是不可能的"[1]。另一方面，人不仅具有创造空间距离以确认自

---

[1]　爱德华·W·苏贾：后现代地理学——重申批判社会理论中的空间［M］，王文斌译，北京：商务印书馆，2007：202.

身特性的能力，而且具有"一种联系的愿望，去克服分离状态的一种必需具备的冲动"，这种克服空间距离的能力是"证实我们在世界中存在的状态、能跨越无意义性并建立同一性的惟一途径"[①]。质言之，存在主义的本体论证明强调：人一方面通过创造空间距离确认了人与自然相异的特性；另一方面通过克服空间距离实现了人与自然相联系的特性。所谓唯物主义的论证是说空间性与社会息息相关，它也包括两个方面的论证。一方面，空间性是社会的产物，它意味着社会空间是社会实践的结果，是社会结构与社会关系的表现形式。这种观点容易导致一种偏向，即把空间性定性为缺乏反向作用的惰性存在或容器类的背景性存在。另一方面，空间性不仅是被社会所生产的，而且它也参与社会的生产过程。[②]

国内学者庄友刚同样支持对社会空间进行本体论证明。在他看来，本体论虽然不是当前哲学的中心，但在涉及重大理论问题时，本体论证明就是一个不可回避的哲学向度。对于理解社会空间与空间生产而言，它们就需要一个本体论的证明或澄清。从现有文献看，庄友刚的社会空间本体论证明依据于辩证唯物主义的物质本体论以及历史唯物主义的实践论。依据辩证唯物主义的物质本体论，庄友刚认为，空间产品即社会空间首先是一种物质产品，其所以被称为空间产品，无非是当代人们开始重视物质产品的空间维度；依据历史唯物主义的实践论，庄友刚认为，空间生产内含在物质生产之中，离开物质生产

---

① 爱德华·W·苏贾：后现代地理学——重申批判社会理论中的空间［M］，王文斌译，北京：商务印书馆，2007：202.

② 爱德华·W·苏贾：后现代地理学——重申批判社会理论中的空间［M］，王文斌译，北京：商务印书馆，2007：197.

就无所谓空间生产[①]。质言之，在庄友刚看来，所谓社会空间转向无非意味着对物质生产中空间向度之认识的凸显。

以上，我们看到苏贾与庄友刚对社会空间进行了各自的本体论证明。从这种证明中，我们看到，他们不是在导向一种空间主义或空间拜物教，而是强调对社会空间应有的重视。在他们的本体论证明中，社会空间及其生产被揭示为社会发展与人类生成历史种不可或缺的一部分。当然，某种程度上，他们的本体论证明还是有细微差别的。在苏贾那里，社会空间被本体化为世界与人的周遭：它既弥漫于社会实在界，也弥漫于意识形态及人的意识深处，被称之为包含物理空间与心理空间的"第三空间"；而在庄友刚那里，社会空间被严格地限定在社会实在界，严格地界定为物质的广延性存在方式。

3.2.2 社会空间理论研究的"照着讲"与"接着讲"

自列斐伏尔激活马克思恩格斯文本中的社会空间思想以来，国内外学者开始广泛探讨社会空间思想，形成了丰富的社会空间思想研究成果。这种成果表现在两个维度：其一，整合与凸显了马克思恩格斯文本中的空间思想；其二，开辟新的社会空间问题论域。某种程度上，我们可以说：前一个维度反映了对马克思恩格斯社会空间思想的"照着讲"；后一个维度反映了对马克思恩格斯社会空间思想的"接着讲"。

---

① 庄友刚：历史唯物主义视野中的空间生产研究：原则与理论 [J]，学术研究，2013（7）：1-8.

3.2.2.1　照着讲：整合与凸显马克思恩格斯文本中的社会空间思想

在第一节我们谈到，马克思恩格斯开辟的社会空间问题框架给后人提供了探讨社会空间问题的平台。后人的一大重要工作就是完善这种理论平台，其完善途径有：其一，整合马克思恩格斯文本中的社会空间思想萌芽，使其转变成一般性的理论命题；其二，结合时代特征进一步深化马克思恩格斯文本中的相关批判。

一方面，马克思恩格斯虽然不曾使用社会空间一词，但其文本中有很多相关的社会空间思想萌芽。这些萌芽得到了当代社会空间理论研究者的关注，从而由思想的萌芽变成了一般性的理论命题，从思想的种子变成了理论的花朵。本书认为，这种转变包括三种：

（1）从观点到命题的一般化。例如，马克思恩格斯在《形态》中谈到，自然分工产生了城市并使城乡分离。这样一种观点自然蕴藏着社会实践（自然分工）创造了社会空间（城市）的思想。列斐伏尔用"（社会）空间是（社会）产物"[①]这一观点将马克思恩格斯的上述思想萌芽直接变成了一般性的理论命题。

再如，在《形态》中，马克思恩格斯阐述了原始社会生产方式下的住宅建筑表现为洞穴、游牧社会生产方式下表现为帐篷、资本主义社会生产方式下表现为公共房舍；在《政治经济学批判》（1857—1858 年草稿）中，马克思论述了古典古代社会的城乡关系表现为"城市乡村化"，亚细亚社会中的城乡关系表现为"无差别的统一"，欧洲封建社会时期的城乡关系表现为"从乡村出发、在城乡对立中进行"，

---

① Henri Lefebvre：*The Production of Space*［M］，Translated by Donald Nicholson-Smith，Oxford：Basil Blackwell，1991，p26.

资本主义社会时期的城乡关系表现为"农村城市化",这些论述表明了社会形态与城乡关系之间存在着一种共变关系。以上两处文本依据表明：马克思恩格斯文本中潜藏着生产方式塑造特定空间形态的思想。对于这一思想，列斐伏尔用"每种生产方式有其专属空间，从一种生产方式向另一种生产方式的更替必然伴随着一种新空间的形成"①的观点将之直接变成一般性的历史命题。

凭借上述历史命题，在《空间的生产》中，列氏叙述了"绝对空间－抽象空间－差异空间"的变迁史。其中，他明确谈到"资本主义和新资本主义生产了抽象空间"②，但并未论及绝对空间与前资本主义生产方式以及差异空间与社会主义生产方式的关系。因而，列斐伏尔对生产方式与社会空间形态之间关系的论述是不完全的，但他关于社会空间的更替思想无疑是值得后人深入探索的问题，尤其是他关于在资本主义社会中如何打破抽象空间以及在社会主义社会中如何生产空间的思考。王晓磊接续了列斐伏尔的社会空间形态史更替观点。他认为，人类历史上依次经历了原始社会的生产方式、农业社会的生产方式、工业社会的生产方式、信息社会的生产方式，由此形成了相应的四种社会空间形态：原始社会的社会空间形态、农业社会的社会空间形态、工业社会的社会空间形态、信息社会的社会空间形态。在王晓磊看来，讨论社会空间形态的更替，一方面必须立基于生产方式的更替，另一方面要结合物质性社会空间与精神性社会空间这两个层面论

---

① Henri Lefebvre: *The Production of Space* ［M］, Translated by Donald Nicholson-Smith, Oxford: Basil Blackwell, 1991, p46.

② Henri Lefebvre: *The Production of Space* ［M］, Translated by Donald Nicholson-Smith, Oxford: Basil Blackwell, 1991, p53.

述每种社会空间形态的具体内容。例如，在农业社会中，生产力的低下导致了以血缘为基础的狭隘社会关系以及幼稚、形象的思维方式，它们共同造成了原始社会中粗陋的物质性社会空间以及封闭狭隘的精神性空间。

（2）从现象到概念的一般化。在《宣言》中，马克思恩格斯指出，资本主义生产方式所催生的全球化，使空间不平衡的关系从一国之内的城乡对立关系扩大到世界范围内的国家主从关系、民族主从关系以及产业主从关系。这里，马克思恩格斯实际上揭示了资本主义生产方式下的空间危机。哈维据此认为，如果没有这种不平衡的空间关系，那么资本主义就难以发挥其政治经济体系的功能。苏贾更是直接提出：不仅"资本主义的发展在地理上是不平衡的"，而且"资本主义存在本身就是以地理上的不平衡发展的支撑性存在和极其重要的工具性为先决条件的"[①]。质言之，哈维与苏贾用地理上的不平衡发展这个一般性概念凸显了马克思恩格斯关于资本主义生产方式必然创造主从空间关系的异化现象。

此外，对于当前时代的各种空间生产现象，哈维都给予了概念的一般化阐释。例如，对于当代空间强拆强占的现象，哈维称之为空间的"剥夺"；对于资本主义为寻求积累与化解危机而到处开辟地理空间的现象，哈维称之为"空间修复"。当代资本主义空间生产呈现出一种距离与时间无限缩短的现象，但在这种缩短中，我们并未更清楚地认识事物的面貌，反而迷失于空间距离缩短后的眼花缭乱之中。诚如海德格尔所言，我们在物理上切近了物，但在认识上与存在论上并

---

① 爱德华·W·苏贾：后现代地理学——重申批判社会理论中的空间［M］，王文斌译，北京：商务印书馆，2007：162.

未切近对物的理解。哈维把人迷失于空间与时间缩短之后而产生的认识模糊现象称之为"时空压缩"。

（3）方法的空间化。我们在第一节提到了西方研究者对马克思辩证法的误解，这种误解集中到一点就是认为：马克思辩证法缺乏空间维度或地理维度。具体而言，列斐伏尔认为马克思的辩证法是二元的；通过运用他者视角，列斐伏尔将空间这一他者引入到二元辩证法，从而构建了三元辩证法。例如，在资本－工资辩证法中，列斐伏尔就引入了土地这种空间元素使其构成为资本－工资－地租的三元辩证法。哈维则认为，马克思过程辩证法把空间视为时间和历史展露自身存在的产物，因而这使得其唯物主义主要表现为历史的唯物主义；为此，哈维通过重新引入空间，通过对资本主义积累进行一种地理学的阐释，从而将历史唯物主义升级为历史地理唯物主义。与列斐伏尔和哈维一样，苏贾认为马克思的辩证法过于强调社会－历史层面而忽视了社会－空间层面，过于强调空间作为实践产物的一面而忽视空间作为参与实践之要素的一面；为此，苏贾强调社会－时间－空间三者同存的社会－空间辩证法。当然，这种转变，正如本章第一节所阐释的那样，源于对马克思辩证法的误解。

另一方面，现当代研究者深化了马克思恩格斯文本中的城市论题。诸多研究者从城市产生的必然性、城市危机、城市意识、城市权利这四个方面深化了马克思恩格斯的城市思想。其中，城市权利在"社会空间研究的价值旨归"一节论述。

（1）就城市产生的必然性而言，可以说是每一位马克思主义空间理论研究者必然研究的一个课题。其中，最有代表性的研究者莫过于大卫·哈维，他所构建的三级资本循环理论不仅切实有效地解释了城市产生的历史因由，而且更是对马克思恩格斯思想资源的经典整合。列斐伏尔在反思城市与资本主义关系的基础上，认为城市生产是资本主义化解内在危机从而维持自身存在的重要手段，但他对此并没有提供一个完整的解释。基于此，哈维在众多的马克思主义理论资源中引用了其中的两个理论资源——积累与阶级斗争——构建了资本主义转移积累危机的三级循环理论，用以解释城市在当代资本主义社会中产生的必然性。在哈维看来，马克思在《资本论》第 1、2 卷中假定了商品的生产与销售发生于一个特定的时期内，此即资本的初级循环①。在初级循环中，资本以竞争型的个体资本为主，由于个体资本家之间的市场信息不对称，因而他们经常面临着过度积累的危机，如商品的过度生产以及由此导致的剩余劳动力急剧增加与利润率下降等。为了缓解初级循环危机，以国家意志（state will）和资本市场运作（functioning capital market）为主体的非个体资本投资开始兴建各类建筑环境，如道路、银行、住宅、商业街等，这种建筑环境一方面通过提供就业机会吸收部分剩余劳动力，另一方面通过提供消费物资吸收部分剩余资本。这种非个体资本投资把"资本引进至固定资产与消费基金项目中"的做法即为资本次级循环②。但哈维认为，次级循环并未解决而只是转移了初级循环危机，原因在于：次级循环并未摆脱资本的为积累而积累的积累主义，其建筑环境有其自身的内在危机。为了缓解次级循环的内在危机，资本主义不得不又再次开辟更宽广的资本积累领域。为此，资本开始流入科学技术与广泛的社会支出领域，此

---

①　David Harvey：*The Urbanization of Capital* [M]，Oxford：Basil Blackwell Ltd，1985，p4.

②　David Harvey：*The Urbanization of Capital* [M]，Oxford：Basil Blackwell Ltd，1985，p6.

即构成资本的第三级循环①。但同样，只要第三级循环中的投资不是出于人的需求而是出于资本积累的需求，那同样会造成教育危机、科学技术危机以及社会支出危机等。总之，哈维认为，当代组织型资本主义社会由于担心剩余资本与剩余劳动力的增多将导致阶级之间的冲突，国家资本不得不开辟新的资本积累领域以转移这种危机。而正是在积累领域的开辟过程中，国家与资本市场运作发现建筑类空间的投资有利于转移积累危机，因而他们开始大规模兴建建筑，最终造成当代资本主义社会所特有的规模化城市化浪潮。此即哈维从马克思主义的积累视角对资本主义城市化作出的一个必然性解释。

（2）就资本主义城市的危机而言，马克思恩格斯提出了城市发展中的不平衡空间危机，如富人的高档住宅区与工人居住的恶劣地区（棚户区、地下室等）。哈维承认了这种城市危机，同时提供了另外两种新的危机。第一，资本主义城市化制造了"创造性破坏"（creative destruction）的危机。哈维认为，由国家意志与资本市场运作主导的城市化经常打着改善市民生活与城市更新的旗帜实现对城市旧有空间的改造；而这种改造需要暴力驱逐旧有空间中的居民。正如哈维所言，"在旧的残骸上建设新的城市世界需要暴力"②。这种暴力就是实现对旧有空间及其原住民居住权的剥夺。第二，资本主义城市化制造了拆－建的选择式危机。哈维以交通空间为例分析了这种危机。在哈维看来，交通空间的建设一方面是为了缩短商品周转时间进而加快资本

---

① David Harvey: *The Urbanization of Capital* [M], Oxford: Basil Blackwell Ltd, 1985, pp7–8.

② David Harvey: *The right to the city* [J], New Left Review, 53, SEPT OCT 2008, pp23–40.

的积累进程，但另一方面新建成的空间同时会反过来成为这种积累的空间障碍。如此一来，交通空间就成了一种矛盾的空间，"其结果就是，资本主义发展要在保护建筑环境内既定资本投资中的交换价值与破坏这些投资中的交换价值以实现更大的积累空间之间进行艰难的抉择"①。本书把这种艰难的抉择称为拆－建的选择式危机。质言之，资本主义的城市化制造了不平衡的空间发展危机、创造性破坏危机以及拆－建的选择式危机。

（3）就城乡对立中的城市意识而言，马克思恩格斯曾对城市人有个一般性概括：人沦为"受局限的城市动物"。这里，马恩认为，城市人具有一种本质性的意识特征，即"受局限性"。马恩对城市人的这种评价可谓切中肯綮，但另一方面，我们也要看到城市人的其他意识特征。那么，在资本主义社会中，城市人的意识具有哪些其他特征呢？对此，李春敏对之进行了一个以马克思恩格斯文本为基础的梳理。在她看来，"城市空间是生产人们的习惯、信仰和现实的人性的重要场所，城市的文化属性是马克思城市空间观的重要部分，这使他的城市观区别于纯粹的功能主义城市观"②。在李春敏看来，资本主义城市意识具有五种形式：第一，货币成为城市交往的主导媒介之后，城市人将变成经纪人，与此同时，城市人开始具备经济理性意识；其二，依据马克思的大工业理论，李春敏认为，城市大工业的发展及其对外交流使得城市人能摆脱地域主义，从而养成包容异质文化的开放

---

① David Harvey: *The Urbanization of Capital* ［M］, Oxford: Basil Blackwell Ltd, 1985, p25.

② 李春敏：马克思的社会空间理论研究［M］，上海：上海人民出版社，2012：127.

意识；其三，城市大工业的竞争特征将把城市塑造成充满竞争氛围的社会场所，从而使城市中的资本家与工人养成了激烈的竞争意识与效率原则；其四，城市中法律体系的形成和发展使城市人形成了法治意识；其五，城市商品交换原则中体现出来的形式平等、形式自由、形式民主塑造出城市人的平等的主体意识。

3.2.2.2　接着讲：开辟新的社会空间论域

当代社会空间理论研究者不仅是开掘马克思恩格斯文本中的社会空间思想，他们也运用这种思想审视新的时代生活，从而开掘出新的论域。按照列斐伏尔的说法：当前资本主义不仅是在工厂再生产其社会关系，而且在日常生活、家庭以及城镇等领域都在再生产其社会关系①。既然资本主义的幸存在于其社会关系向社会领域的广泛渗透，因而当代社会空间研究者必然密切关注当前资本主义所开辟的新的积累领域。就此而言，有必要提及两种新的空间论域：日常生活空间与网络社会。

（1）就日常生活空间而言，这涉及列斐伏尔对资本主义幸存问题的思考。在列斐伏尔看来，经典马克思主义由于注重社会更替，这导致他们过于重视生产方式的更迭而忽视了社会关系的再生产。马克思恩格斯逝世之后，资本主义社会并未如他们所预言的那样趋于崩溃，这使西方马克思主义者反思资本主义社会缘何继续存在。作为一名西方马克思主义者，列斐伏尔自然也不会错失这个问题。在列氏看来，要解释资本主义持存的问题，则必须从关注生产方式的生产转变到关注生产关系的生产与再生产。在此情形下，列氏转而重视马克思主义

---

①　Henri Lefebvre: *The Survival of Capitalism* ［M］, Translated by Frank Bryant, New York：St. Martin's Press, 1976, p96.

理论中生产关系的生产与再生产理论，这也是与他对法国异类"马克思主义"思想家莱希（Wilhelm Reich）再生极（the generated nucleus）理论的重视是分不开的。再生极理论认为：家庭中的"男女关系产生了依赖、支配、剥削、不平等的社会关系"①，并将这种不平等关系扩散到广泛的社会领域之中。列氏认为，该理论的核心意义在于：男女不平等的关系不仅在家庭领域中得到再生产，而且在家庭关系之外的社会领域中得到了更广泛的再生产。受此启发，列斐伏尔把这种理论转引到马克思主义理论中，提出了当代资本主义的存续实际上就是生产关系（资本主义社会的核心社会关系）再生产的结果，这种观点鲜明地体现在《资本主义的幸存——生产关系的再生产》一书的书名中。通过重思生产关系与空间之间的关系，列斐伏尔最终提出了占有空间与生产空间是资本主义生产关系维持自身存续的重要手段。

在列斐伏尔看来，如果说社会形态的更替是必然的，那么同样必然的是社会对更替的抵抗；前一个方面涉及生产方式的更替，后一个方面则涉及社会关系的再生产。就资本主义社会而言，它的空间生产就在于把符合资本主义需求的社会关系注入社会生活的各个领域。换言之，资本主义不满足在生产领域寻求资本积累，它要寻求新的积累领域。在这种寻求中，资本主义社会发现了日常生活这个新领域，因而组织与控制大众的日常生活就成为当代资本主义维持自身社会关系再生产的重要向度。所谓日常生活，它主要指的是工人生产活动以外的消费生活，包括：工人的衣食住行等基本消费；教育、培训、技能等发展型消费；休闲、旅游、度假等享受型消费。资本主义把大众的

---

① Henri Lefebvre: *The Survival of Capitalism* ［M］, Translated by Frank Bryant, New York: St. Martin's Press, 1976, p73.

日常生活纳入到自身的积累领域之中，这必然使它为大众提供进行这种日常消费生活的条件：一方面是提高劳动生产率（如福特制生产方式就是为增加劳动生产率而形成的），降低社会必要劳动时间从而增加个人的闲暇时间；一方面是提升大众消费能力，如工资增长制度、社会保障制度、信用消费等。但无论如何，这种改善并不能改变资本主义社会关系的剥削本质。正如马克思所言，"在工人自己所生产的日益增加的并且越来越多地转化为追加资本的剩余产品中，会有较大的部分以支付手段的形式流回到工人手中，使他们能够扩大自己的享受范围，有较多的衣服、家具等消费基金，并且积蓄一小笔货币准备金。但是，吃穿好一些，待遇高一些，特有财产多一些，不会消除奴隶的从属关系和对他们的剥削，同样，也不会消除雇佣工人的从属关系和对他们的剥削"。①

总之，列斐伏尔认为，现代日常生活的兴起与发展是资本主义寻求自身积累领域的结果。在这种日常生活中，各种形式的休闲空间、消费空间在各地如雨后春笋般纷纷兴起，人们在享受着这种资本空间的同时，也不自觉地成为资本主义幸存的同谋。正是这样一种形势迫使列斐伏尔提出了现代日常生活批判的理论，吁求"让生活成为艺术行为！让技术为日常生活服务"②。

（2）20世纪以美国为主的西方国家兴起了一种以电子计算机技术、信息技术为基础的科学技术革命（亦可谓之信息化浪潮），这场革命催生了一种不同于物理性空间与精神性空间的虚拟空间（virtual

---

① 马克思：资本论（第一卷）[M]，北京：人民出版社，2004：713-714.

② Henri Lefebvre. *Everyday Life in the Modern World* [M]. New York：Harper& Row，1971. p204. 转自李春敏《马克思的社会空间理论研究》，第239.

space）。面对这种虚拟空间，加拿大科幻小说家威廉·吉布森（William Gibson）在其小说《融化的铬合金》（Burning Chrome）、《神经漫游者》（Neuromancer）中称其为赛博空间（Cyber Space）。此后，"赛博空间"一词被众多学者所使用，用来专门指称信息通信技术所构建的虚拟空间。

1979 年迁居美国的卡斯特敏锐地注意到这场科学技术革命及其产物赛博空间将要带来的社会影响。由于此前卡斯特在法国已经大量接触到了其老师列斐伏尔的社会空间思想，因而他对赛博空间的关注与思考非常相近于列斐伏尔对社会空间的关注与思考。如果说列斐伏尔从空间来透视社会，用空间审视人类社会的发展历程以及用空间批判当下的社会现实；那么对卡斯特而言，网络就是其审视与批判当下社会的基点。随着空间基点向网络基点的转移，卡斯特或多或少对网络社会作出了新的规定。卡斯特重新把赛博空间界定为"流动空间"（space of flows），而流动空间实际上构成了一个新型社会即网络社会（network society）。在卡斯特看来，网络社会具备诸多特性。第一，网络社会是"由电子交换的回路所构成（以微电子为基础的设计、电子通信、电脑处理、广播系统以及高速运输［也是奠基于信息技术］），它们共同形成了我们认为是信息社会之策略性关键过程的物质基础"[①]。换言之，网络社会具有物质基础，类似于社会空间立基于自然空间。第二，网络社会的兴起并不意味着资本主义的消亡，相反它成为资本主义实现全球化的重要媒介，"资本四处流动，而其所导致的生产 – 管理 – 分配活动，则散布于多变几何形势里相互连接的网络之

---

① 曼纽尔·卡斯特：网络社会的崛起［M］，夏铸九等译，北京：社会科学文献出版社，2011：506.

中"①。网络社会通过聚拢同一时间里的诸多并存实践从而使资本积累的空间障碍最小化，使资本的运作效率达到了最大化；用马克思的话来说就是，网络社会实现了"用时间消灭空间"的最大化。第三，网络社会重塑了全球化的非均衡关系。与经典理论中所确立的资产阶级与无产阶级关系不同，网络社会塑造了一种新的非均衡关系：占支配地位、享受特权的新组织即"技术官僚－金融－管理精英"与占边缘地位、仅享受部分利益的大众。卡斯特延续了当代西方理论界关于晚期资本主义社会下无产阶级趋于消亡的论断；在他看来，网络社会诚然提供了大量的就业机会，但它因为区隔了工人从而使工人群体之间丧失了集体认同，这导致一个联合的无产阶级组织难以形成。然而，像其他西方学者提供了一种后无产阶级时代的泛联盟组织（这类组织取代无产阶级，成为反抗新资本联盟的力量）一样，卡斯特通过对网络社会中女性主义运动、绿化运动的思考，还是保留了网络社会中有反抗力量出现的可能性。第四，网络社会通过其节点与核心的建立重新在全球范围内划分了中心与边缘的关系。所谓网络社会中的节点与核心，是指"具有策略性重要功能的区位，围绕着网络中的一项关键功能建立起一系列以地域性为基础的活动和组织"②。由于网络社会立基于物质基础，其节点或核心关联到特定的物质基础；当网络社会中的节点一旦设立时，它必然把其物质基础所立基的地方设立成相应的中心。例如，美国硅谷就因为支撑网络社会中的一个关键节点而成为

---

① 曼纽尔·卡斯特：网络社会的崛起［M］，夏铸九等译，北京：社会科学文献出版社，2011：573.

② 曼纽尔·卡斯特：网络社会的崛起［M］，夏铸九等译，北京：社会科学文献出版社，2011：507.

世界范围内的高科技中心。当然，卡斯特还指出，网络社会中的节点并非固定不变；一旦节点变换，那么其所立基的物质基础以及相应地方的中心功能必将逐渐衰落。

3.2.3　社会空间研究的价值旨归

当代社会空间研究者的研究目的是双重的：一方面，他们希望解释新世界的空间生产，包括这种生产的原因及其方式；另一方面，他们希望从这解释中找到理论批判点，从而为改变世界提供先行的理论基础。从研究价值来说，当代社会空间研究者的研究旨归在于寻求变革当代空间危机的途径。就此而言，从"城市权利的诉求"到"空间正义的追寻"皆可视为这种价值旨归的重要表现。

3.2.3.1　城市权利的诉求

城市权利的提出源于列斐伏尔。20 世纪中叶的法国城市改造使城市问题凸显出来，期间各种城市危机迫使列斐伏尔深入思考其背后诱因。通过借助马克思关于使用价值与交换价值的区分，列斐伏尔认为：人们本应在使用价值的支配下创造城市，从而将其塑造成作品（oeuvres）；但是在资本主义生产方式下，交换价值僭越使用价值并成为城市化的支配逻辑，从而使城市生活沦为人类生活的异化地带。出于反抗这种城市危机，列斐伏尔倡导"城市权利"，这种权利倡导转变与更新当代都市生活，而不是像浪漫主义一样退回到传统的城市[①]。对反抗

---

① Henri Lefebvre：*Writings on Cites*［M］，Selected，translated，and introduced by Eleonore Kofman and Elizabeth Lebas，Oxford：Blackwell Publishers Ltd，1996，p158.

与克服城市危机、构建宜居城市而言，城市权利无疑是振奋人心的号召。城市权利不仅成为 1968 年巴黎五月风暴的应有含义，而且也成为以后各地城市运动者的标志性口号。就理论研究而言，"城市权利"在 2000 年之后日益受到学术界的重视，开始成为学术著作、学术会议的重要议题。其中 2004 年，世界城市权利宪章的公布、基多主办的美洲社会论坛以及巴塞罗那举办的世界城市论坛，将"城市权利"概念的全球化扩散推向了一个新的高潮。例如，城市权利宪章认为，"城市'是一个隶属于全体居民的富有的多元文化空间'"，"每一个人'都享有城市权，不因性别、年龄、健康状况、收入、国籍、种族、移民，也不因政治、宗教或性倾向，更不因保留的文化记忆与认同而受到歧视'"[①]。

受列斐伏尔社会空间理论影响的哈维自然也不会错过对城市权利的探讨。哈维认为当代城市问题重重，"谈论 21 世纪的城市就是一种乌托邦噩梦，在其中，人类致命曲线中几乎所有最糟糕的东西都在绝望的深渊中集中起来了"，以至于"许多人渴望挣钱并逃离城市"[②]。与列斐伏尔对城市权利的分析不同，哈维从资本积累视角探究了城市权利得以实现的方式。在哈维看来，城市是吸收剩余产品的集聚地，而"剩余（产品）总是来自某些地方和某些人，一般只有少数人（如宗教寡头，或具有帝国野心的骁勇的诗人）可以控制这些剩余产品的使用，所以城市化一直是一种阶级现象"[③]。进言之，如果说，城市是

---

① 苏贾：寻求空间正义 [M]，高春花等译，北京：社会科学文献出版社，2016：102.

② 哈维：正义、自然和差异地理学 [M]，胡大平译，上海：上海人民出版社，2015：463.

③ 哈维：叛逆的城市：从城市权利到城市革命 [M]，叶齐茂译，北京：商务印书馆，2014：5.

资本积累即吸收剩余产品的集聚地，那么城市危机就是资本积累的必然现象，并且这种危机指向不占有或不控制生产的弱势群体。正是面对这种集体化的城市危机，哈维主张城市权利是一种集体性的权利诉求，"一种对城市化过程有用某种控制权的诉求，对建设城市和改造城市方式具有某种控制权的诉求，而实现这种对城市的控制权需要采用一种根本的和激进的方式"①。但需要指出的是，一方面，哈维认为，"有剩余产品不是一件坏事：在许多情况下，剩余是维持适当生活水平所必需的"②，因而他所指的激进的方式不是消除剩余产品，而是"加大对生产和剩余资本的民主革命"③；另一方面，哈维认为，由于当代资本主义城市中传统产业工人大幅减少，取而代之的是各种缺乏保障、兼职与缺乏组织性的低工资劳工，由此造成反抗资产阶级的革命力量不再是以产业工人为主的传统"无产阶级"（Proletariat），而是以低工资劳工为主的现代版"不稳定的无产阶级"（Precariat）。这两个方面导致哈维所谓的城市权利，实质上是一种泛阶级的城市联盟共同行动起来获得对资本城市化过程中资本积累的民主管理，这种行动就是民主革命。

　　社会空间理论研究者们对城市持一种批判的研究态度，从而使他们区别于美国"主流"城市学家的理论，后者"通常不关注城市阶级、种族（或性别）统治问题。造成这种现象的原因除了城市研究者

①　哈维：叛逆的城市：从城市权利到城市革命［M］，叶齐茂译，北京：商务印书馆，2014：5.

②　哈维：叛逆的城市：从城市权利到城市革命［M］，叶齐茂译，北京：商务印书馆，2014：24.

③　哈维：叛逆的城市：从城市权利到城市革命［M］，叶齐茂译，北京：商务印书馆，2014：23.

本人的价值观念外，也反映了他们对私人和政府研究基金以及官方研究资料的依赖，因为这些研究基金和资料不鼓励对城市发展问题的批判性研究"①。但另一方面，国外社会空间研究者所研究的城市是西方资本主义制度下的城市，因而他们的理论成果并不天然地具有普适性，特别是不能照搬用来分析当代中国的城市建设。

3.2.3.2 空间正义的追寻

自罗尔斯《正义论》在 1971 年问世以来，正义就成为当代哲学以及社会批判理论的一大核心议题。1972 年，艾伦·伍德发表的《马克思对正义的批判》将正义理论置入到马克思主义理论的视野之中进行考察，从而开启了一场关于"马克思主义与正义"的讨论。美国马克思主义学者哈维在这种正义论的思想氛围下，尝试从马克思主义的角度探讨布兰迪恩·戴维斯（Bleddyn Davies）开辟的领土正义思想，其成果体现在 1973 年问世的《社会正义与城市》。在该书中，哈维认为，城市和区域规划揭示了社会正义与空间之间的关联，由此建构了一种不同于罗尔斯与伍德的探讨正义的空间研究路径。尽管哈维提出了正义的空间转向，但他从不使用"空间正义"这个概念。哈维所开辟的空间正义研究转向启发了后继者的空间正义理论研究。1983 年，南非地理学家皮里（Gordon H. Pirie）发表的《论空间正义》一文首次提出"空间正义"这一概念，该概念随后成为社会空间理论以及社会批判理论的重要概念。2010 年，西方学者苏贾（Edward W.Soja）出版了《寻求空间正义》一书，从而把空间正义理论推向了新的研究高潮。

----

① 高鉴国：新马克思主义城市理论［M］，北京：商务印书馆，2006：182.

　　苏贾是美国当代著名后现代都市研究"洛杉矶学派"的领军人物，与哈维一道深受列斐伏尔社会空间理论的影响。但是二者也存在着决定性的差别：苏贾从互为因果的关系上解读社会空间与资本积累的关系，即社会空间既是资本积累的因，也是资本积累的果；而哈维则忧惧于空间拜物教或空间主义，"不愿行之过远，且在明确涉及空间因果性时言之谨慎"①，即哈维侧重于认为社会空间是资本积累的果，而未明确宣称社会空间是资本积累的因。此外，如果说哈维的城市权利起源于对资本积累的反抗，那么苏贾的空间正义则起源于反抗人类空间生产的永恒不平衡。在苏贾看来，空间不正义之所以永恒，在于两个原因：第一，空间本身不允许两物同时占据，这导致空间占有的不平衡；第二，人类行为具有向空间节点集中的天然倾向，这导致永恒的中心–边缘的不平衡关系。质言之，"我们所生产的地理总会有空间的不公平和分布不平衡的情况"，从而造成"空间位置总会有某种程度上的相对优势或劣势，这样一些地域性的分化会产生很小的后果，但在其他情况下，就会产生压迫性和剥削性的影响，当长期根深蒂固地处在由种族、阶级和性别所划分的等级社会中就更是这样"②，而正是这种永恒的空间非正义导致人们对空间正义的不懈追求。

　　根据苏贾的考察，空间正义经历了一个从显露到退隐再到重现的曲折过程。空间正义最初显露于希腊城邦。希腊人把正义、民主、公民身份关联于城邦，导致一种正义存在于特定空间范围内的现象。这

---

① 苏贾：寻求空间正义 [M]，高春花等译，北京：社会科学文献出版社，2016：88.

② 苏贾：寻求空间正义 [M]，高春花等译，北京：社会科学文献出版社，2016：69.

种城邦正义之所以可能，是因为城邦乃是一个政治构成的基本单位；其后，当作为政治基本单位的城邦让位于民族国家时，正义发生了一个质变：正义被国家制定的法律所界定。法律规定的正义排除了空间与正义的关联，它倾向于体现出正义的普遍适用性从而导致空间正义的退隐。这种法律正义取代城邦正义，代表了特殊空间正义向普世正义的转变，最能体现法律正义的代表作是罗尔斯 1971 年出版的《正义论》。《正义论》试图建构一种适用普世空间的正义理论，从而招致各种批评。当代世界的空间正义反对把正义与空间割裂的理论做法。这种割裂往往会忽视具体空间中的正义生产与正义斗争，从而导致一系列的实践错位与理论错置。顺此言之，空间正义否认现实中正义的空间普世化倾向。例如，当前资本主义社会在向一些国家输出西式民主、自由等特殊地域的正义时，不是引起了这些国家的社会动荡吗？

当前空间正义研究者之所以能够重申空间与正义的关联性，乃在于这些研究者把空间、正义与生产三者关联到一起。空间正义理论预设人有权利生活于正义的空间环境之中。然而，探讨空间正义必须立基于物质生产方式，设想在异化的生产方式中寻求空间正义无异于缘木求鱼；只有变革非正义的生产方式，才能从根本上确保过正义空间生活的可能性。质言之，空间正义的寻求本质上要求对生产正义的寻求。

3.3 社会空间理论的疑难之释与概念之辨

在本书文献综述以及本章上述各节中，本书简要介绍了马克思恩格斯以及包括列斐伏尔在内的诸多当代国内外研究者的社会空间思想。这种阐释只是纲要式的，其目的在于对社会空间的发展历程有一个总体性把握。为了进一步增强这种总体性把握，本节试图探讨三个方面的内容：其一，探讨社会空间转向所引起的疑虑，并对之进行释疑；其二，对社会空间理论中基本概念作本体论、认识论与价值论的追问；其三，对社会空间理论的研究作一个总体性评价。

3.3.1　社会空间转向的释疑

社会空间的转向，从其开始时就面临多方争议和理论疑难。本书认为，这些争议至少涉及三个层面：社会空间与城市之间的关系；空间生产与物质生产之间的关系；空间与时间之间的关系。

3.3.1.1　社会空间与城市之间的关系问题

从实践与理论的关系看，社会空间的转向起源于列斐伏尔对法国城市化的思考。就这点而言，我们确信：对城市建设的反思与批判是促使列斐伏尔激活社会空转向的现实诱因。西方社会 19 世纪兴起的规模化城市建设浪潮，在实践层面上使城市成为社会空间的基本建制单位以及使城市生活成为人们社会生活的中心，在理论上则使城市批判学成为社会批判理论的焦点。这种以城市为中心的社会导致一种显著的理论现象，即社会空间的文献主要聚焦于城市的实证研究与哲学反思。从研究文献看，这种思考模式影响颇为深远：列斐伏尔、卡斯特、哈维、苏贾、詹姆逊等人尽管提到了日常生活、全球化、网络社会等非城市主题，但是所有这些非城市主题不是都指向或潜藏于城市之中吗？所谓日常生活，它主要指城市的日常生活；所谓网络社会，它主要指城市的网络社会；所谓全球化，它主要指全球性城市之间的互联互通。本书认为，这种以城市为思考重心的模式将导致这样一种理论疑难：社会空间是否等价于城市？

如果把社会空间等价于城市，那么一旦城市失去作为一门规范学科的资格，那么社会空间转向是否将受波及？我们可以在彼得·桑德斯的论文《空间、城市与城市社会学》中意识到这两个问题的重要性。在该文中，桑德斯认为，在当代社会中，城市已经失去了作为社会空间基本建制单位的资格（该资格让位给民族国家）[1]，因而以城市为基础的城市社会学将不能成立，继而以空间为中心的社会空间批判理论将同样不能成立。这里，暂且不论城市是否失去作为社会空间基本建制单位的资格，我们看到，他的论述隐含了两个逻辑设定：其一，人们所谈论的社会空间实际上即是城市；其二，城市作为一门科学研究对象的失败将会波及社会空间转向。之所以有这两个逻辑设定，原因在于当前社会空间理论研究者普遍将城市作为研究对象造成的一种幻觉：即将城市等价于社会空间。

就桑德斯的论断而言，在讨论社会空间基本单位这一议题时，它有赖于论述者择取的空间范围：当把主题限于国家空间之内时，那么城市毫无疑问是社会空间建制的基本单位[2]；如果把主题扩大至国际空间范围时，那么民族国家则是社会空间建制的基本单位。这不仅显

---

① 彼得·桑德斯：空间、城市与城市社会学［A］，谢礼圣译／社会关系与空间结构［C］，〔英〕格利高里、厄里编，谢礼圣、吕增奎等译，北京：北京师范大学出版社，2011：82–83.

② 本书认为，城市在当代国家仍将属于基本的空间建制单位。这在发展中国家（例如中国）是颇为明显的，这些国家把城市作为提振经济发展的中心空间。在发达国家，城市并未失去它的中心资格，但需要注意的是，发达国家的城市在规模、产业布局以及治理等方面不同于发展中国家的城市形式。

示出空间基本建制单位的可变性，而且显示出社会空间转向中所指称的社会空间具有多义性，它既能包括城市空间，亦能包括国家空间，同时当然也能包括乡村空间以及整体意义上的地球空间。质言之，社会空间研究的空间对象应当基于论述者择取的空间范围而作出相应的选择，而非仅限于城市这一空间形式。就此而言，桑德斯推论中所立基的两个逻辑设定难以成立。

对桑德斯论断的反思显示：社会空间理论所指称的空间不是特指城市空间，它还包括其他形式的空间。因而本书主张，就适用范围而言，空间研究（批判）是不同于且大于城市研究（批判）的[①]。从城市批判进展到空间批判，不是一个简单的话语置换；相反，这种进展实质上是理论批判维度的视阈上升，或者说是从特殊批判（单一的城市空间批判）向普遍批判（多种空间形式的批判）的上升。

3.3.1.2　空间生产与物质生产的关系问题

列斐伏尔在《空间的生产》一书中率先区分了"空间中物的生产"与"空间的生产"，这就引申出物质生产与空间生产之关系的思考。即它们的关系是对立的，互补的，还是包含的？

探究之前，我们不妨分析列斐伏尔作出这种区分的意图。列斐伏尔之所以作出这种区分，出于两个意图。其一是为了破解空间作为容器性的概念。容器空间或背景空间是牛顿绝对空间理论影响下的产物，在此理解下，物质生产长期以来被视为空间中的生产。社会空间

[①]　就空间批判与城市批判之间的关系而言，孙江认为前者"更加犀利、深刻，更具有穿透性"，因而他主张城市研究（批判）可转换成空间研究（批判）。参见《"空间生产"——从马克思到当代》，第 18 页。

转向开启以来，这种理解受到了强有力的冲击，空间不再被视为生产的背景，而是被视为参与生产过程的要素。其二是为了凸显空间作为一种生产关系的存在方式①。根据吴国盛的梳理，人们可以在三种意义上言说空间：从长、宽、高视角上理解事物而形成的广延经验造成了空间属性说，即把空间视为事物的属性；从空的状态——例如教室中的人走了，教室就空了——视角上理解事物而形成的虚空经验造成了空间实体说，即把空间视为囊括事物的容器或背景；从事物存在于什么场所、位置而形成的处所经验造成了空间关系说，即把空间视为物与物之间的一种关系②。由此可知，列斐伏尔把空间视为一种社会关系之存在方式的理解也并非没有思想渊源。在列斐伏尔那里，空间生产并不是指物质之广延意义上的生产，而是指物质之社会关系意义上的生产。就此而言，国内研究者庄友刚视空间生产为物质之广延的生产③与列斐伏尔强调的空间生产是有明显差异的。

本书认为，上述两个意图显示出，在列斐伏尔那里，空间生产并非对立于物质生活资料之意义上的一般物质生产活动。列氏强调的

①　除城市生产、资本主义幸存之反思这两个视角外，列斐伏尔切入空间思考的另一个视角就是生产关系及其再生产。这可以从列斐伏尔空间转向之奠基的书名《资本主义的幸存——生产关系的再生产》(《The Survival of Capitalism—Reproduction of the Relations of Production》) 得以窥见。实际上，在标志着列斐伏尔空间转向之成熟的作品《空间的生产》一书中，列斐伏尔强调空间是社会关系的存在方式，详情参见《The Production of Space》第 401 页。

②　吴国盛：希腊人的空间概念 [J]，哲学研究，1992（11）：66–74.

③　庄友刚教授之所以视空间生产为物质之广延的生产，是受空间是物质之广延的认识论所影响。其相关文献请参见"何谓空间生产？"（载于《南京社会科学》，2012 年第 5 期）、"历史唯物主义视野中的空间生产研究：原则与理路"（载于《学术研究》，2013 年第 7 期）等。

空间生产概念无非是切合另一种特殊物即生产关系（尤其是生产关系中的社会关系）的生产与再生产。而这一点对于马克思主义来说不应该是陌生的，因为马克思一生极力批判和改造的正是这种特殊物的社会关系。质言之，列斐伏尔的空间生产，重新激活了马克思主义生产理论中的社会关系再生产及其批判的理论。因而，就空间生产与物质生产的关系而言，前者强调了后者的一种特殊维度即作为社会关系的"物质"的生产。就此而言，空间生产与物质生产的关系不是对抗的，也不是并列的，而是前者包含于后者的包含关系。质言之，从逻辑上看，空间生产是物质生产的后果。

3.3.1.3　空间叙事与时间叙事的关系问题

从空间叙事与时间叙事的关系看，二者的问题表现为：其一，二者是否此消彼长；其二，空间转向能否兼容时间叙事；其三，空间转向如何兼容时间叙事。

如果说 19 世纪是时间叙事主导而空间叙事被遮蔽的时代，那么 20 世纪复兴的空间转向是否会同时遮蔽或消解时间叙事呢？这便是第一个问题所反映出来的疑难。对于该问题，我们从倡导另类空间的哲学家福柯那里可以得到解答。福柯认为，纵使我们时代的焦虑表现为空间惧忧，因而空间研究必须提上理论日程，但"坦率地说，在这里不涉及否认时间"[①]。那么社会空间转向的倡导者列斐伏尔是否否认了时间呢？我们认为，答案也是否定的。在《空间的生产》一书中，列斐伏尔认为，"时间与空间不应该孤立地来理解：空间暗含时间，反

---

① 〔法〕福柯：另类空间［J］，王喆译，世界哲学，2006（6）：52–57.

之亦然"①。据此，我们看到，时间叙事同样未被否定。如果说空间叙事不仅未曾否认时间叙事，而且可以兼容时间叙事，那么社会空间转向如何兼容时间叙事呢？这就是涉及第三个问题的解答了。

以上三个问题可集中压缩为第三个问题，即空间叙事如何兼容时间叙事。这种兼容可以理解为时空统一。就马克思主义而言，理解时空统一的锁钥隐含在空间生产的概念之中。一方面，对生产概念的传统理解，要么理解为结果层面的物质生产，要么理解为时间层面的线性发展，从而导致隐含在生产中的空间要素陷入被遗忘与被遮蔽的历史命运；就此而言，建构空间生产概念无疑是必要的、合理的。另一方面，对空间生产概念的理解，如果把它局限于指代物质生产中空间维度的生产，那么毫无疑问这会遮蔽了生产中的时间之维与社会之维。列斐伏尔本人在使用空间生产这一概念时，的确区分了"空间中物的生产"与"空间生产"，但此举并不意味着物质生产与空间生产决然不同。事实上，空间生产是一种特殊类型的物质生产，自然也具备一般生产所具备的属性：即发展性或时间性，因而空间生产的发展过程实质上兼容时间要素。我们在分析马克思恩格斯的时空统一思想时，就曾指出时空统一于人类的生产活动。此外，从哈维倡导时间与空间是社会建构的产物这一意义上而言，时间与空间也是蕴含在生产活动中的；就此而言，关于空间生产蕴含时间要素与社会要素的主张是可以成立的。总之，空间生产包括时间要素以及社会要素在内；正是在此意义上，社会时间与社会空间的统一才有现实的基础而不会止于抽象层面的逻辑建构。

①　Henri Lefebvre: *The Production of Space* [M], Translated by Donald Nicholson-Smith, Oxford: Basil Blackwell, 1991, p118.

3.3.2　社会空间理论中基本概念的三种追问

社会空间、空间生产与空间正义构成为社会空间理论的基本概念，本节将从从本体论、认识论和价值论的角度追问这些概念。

3.3.2.1　本体论的追问

从本体论层面追问社会空间理论实质上是追问何谓"社会空间"的本质。从现有研究文献看，无论是从国外研究者苏贾对空间本体论的孜孜以求来看，还是从国内学者庄友刚、王金福、张之沧等人对社会空间理论的本体论争论来看，社会空间理论的本体论追问都表现为对"社会空间"这一概念的本质界定。他们的界定主要有三种：一种是属性论的角度，把空间视为物质的存在方式即广延空间；一种是关系论的角度，即把空间视为物质间关系的存在方式即关系空间；一种是主客观的角度，把空间视为物质与精神共同具备的存在方式即主客观空间。本书赞同这些学者对社会空间这一概念进行本体论追问，因为该概念构成了社会空间理论的基础。我们认识什么样的空间、生产什么样的空间以及我们寻求什么样的空间均关涉对社会空间的理解，而这种理解的核心又在于对社会空间的本质界定。但本书不赞同的是，这些学者对社会空间所界定的内涵。

对社会空间进行本体论的追问首先应当明晰马克思的本体论追问方式。按照传统上的本体论（或实体论）追问方式，它追问的是确定构成世界或创造世界的本体：唯物主义者将物质视为世界的本体；唯心主义者则将上帝或绝对精神视为世界的本体。随着近代以来人类社会在哲学视野中的凸显，这两种追问方式并不适用于人类社会。人类社会是人类实践造就的，它的本体论追问应该是基于实践的存在论追问，这种追问即为马克思的本体论追问。在实践的存在论追问上，人类社会就是人类按照自身需求改造自然界（实质上就是物质）与自身的产物。就此言之，如果将唯物主义与唯心主义运用于对人类社会的本体论追问，那么人们要么把实践中的"物质"夸大成本体，要么把实践中的"精神"夸大成本体。而这显然是不适合的。基于实践的存在论追问应当定位在社会客观层面的追问。社会客观是人类实践造就的，它具有四种特性：其一，它是本体论意义上的客观，而非单纯的认识论意义上的客观[①]；其二，它包括人类社会的物质存在（狭义上的客观存在），它本身是一种改造过的具体物质，如桌子；其三，它包括人类社会的客观存在（广义上的客观存在），这种存在虽依托于物质但不可还原为物质，如关系、权利、虚拟；其四，它包括人类精神的客观化产物，但不是精神或心灵意义上的主观存在。由此，按照这种存在论的追问方式，研究者当追问特定对象在世界的客观存在形式，即追问其与人类共存共在共生的特性，而非追问关于其是否有一个不可还原的自然本体或一个创造性的终极本体。

---

① 约翰·塞尔为界定意识的本体地位而区分了本体论上的主客观与认识论上的主客观。所谓认识论上的主客观是指：如果一个陈述的真依赖于观察者或言说者的态度与情感，那么该陈述在认识上就是主观的；反之，则是客观的。而本体论上的客观涉及山峰、冰川等不依赖于意识的物理性实在；本体论上的主观则涉及依赖于意识但不可还原为物理性实在的存在，例如疼痛。参见塞尔的《心灵、语言和社会》（李步楼译，上海译文出版社，2001，第43-45页）。本书认为，塞尔所谓的主观本体或有待商榷，但其客观本体则有利于我们重估物质本体论与客观实在论的关系。按照这种客观本体，不仅有冰峰、冰川等这类自然造就的物质性实在，而且有关系、权利等人类实践造就的客观类实在。在马克思主义视域中，这种客观类实在可包括在社会存在里面。此外，从定义上看，传统的物质本体论把物质界定为不依赖于意识的客观实在；但客观实在不可局限于物质。就此而言，将客观界定为判断本体的标准显然要异于将物质界定为判断本体的标准。

按照基于实践的存在论追问方式，研究者就应当从社会客观的意义上追问社会空间，而不可拘泥于物质属性或关系属性的追问，更不可混同于精神世界的主观追问。就此而言，这种追问应该承认这样一个基本事实：物质是最基本的存在单元，因而物质构成了社会空间的基础。但与此同时，研究者还要接纳另一个事实：社会空间虽立基于物质但不可还原为物质。例如，人类改造物质所构成的关系也是一种客观存在，它并不是一种精神层面的建构而是客观世界的真实存在。而存在于世界中的客观存在是没有不具备空间形式的。这也是为什么列斐伏尔、赛雅、苏贾等人都认为关系具有空间这一存在方式的原因。

从基于实践的存在论追问看，社会空间是人们通过改造特定物质而形成的客观空间。这种客观空间是本体论上的客观空间，泛指一切人类发现、创造的客观空间。就此而言，广延（物的空间属性）、关系空间（关系的空间属性）、赛博空间（技术的空间属性）、城市空间（权利的空间属性）等都是一种客观存在的空间。例如，赛博空间不同于广延与关系空间，由此也彰显空间之多维存在的客观特性。再如，城市空间作为权利规定的一种象征空间，它有其地理上的边界，但它不同于一般意义上的物质广延而毋宁是政治主体所规定的权利边界；故此，城市空间以及其他单位（国家、乡村）的权利空间是一种特殊的客观空间，异于广延空间、关系空间、赛博空间。最后，需要指出的是，社会空间的本体论界定旨在确定空间在世界中的位置，而并非导致一种理论研究中的空间拜物教或空间主义。不少研究者担心，追问空间的本体论会导致空间拜物教或空间主义，而忽视了物质生产的基础地位或弱化时间叙事的可能性。这实际上是对空间本体论追问的误解，相反，这种追问实质上是改善空间近代以来被忽视、被遮蔽、被遗忘的尴尬局面。诚如海德格尔所言，空间不是存在于人类精神世界中的要素，而是实实在在地存在于我们的生活周遭，因而它迫切要求理论上的关注。

3.3.2.2　认识论的追问

社会空间理论的认识论追问所追问的是如何认识社会空间理论，其关键在于"寻求空间的认识角度"。就此而言，认识社会空间具有各种角度，如绘画、建筑、资本、权利、知识、阶级、性别、生态、文化、地理、军事等。本书着重从以下四种角度概谈社会空间的认识论追问，其追问的概念主要限于社会空间与空间生产。

首先，应当从生产或实践的角度理解社会空间及其生产。马克思恩格斯之前的空间认识论主要具有两种形式：一种是从认知客体的意义上理解空间，一种是从认知主体的意义上理解空间。可以说，这两种空间认知方式均看到了人类空间认知的一端，但同时也忽视了另一端。从生产视角理解空间，则同时看到认知客体与认知主体所探寻的空间，从而不会固执一端。基于生产视角的空间认知是社会空间理论的核心命题，也是马克思主义空间认识论的哥白尼革命。由于生产具有多种界定方式，因而由之而来的空间解读就会有多种形式。以生产方式为例，物质生产的主体是在一定的生产方式中进行的，因而基于物质生产的空间生产自然是内在于特定生产方式之中的。例如，列斐伏尔指出，资本主义生产方式创造了同质化、抽象化、碎片化的空间生产方式；卡斯特指出，信息化生产方式创造了虚拟的、非真实的空间生产方式（典型代表为赛博空间）；王晓磊从历史上的四种生产方式中得出了四种空间生产方式。

其次，应当从反思自然空间的意义上理解社会空间。我们现在所使用的"自然空间"概念具有四种含义：第一种是笛卡尔学说中物的广延意义上的广延性空间，第二种是牛顿学说中容纳物的容器意义上的绝对、均质的空间，第三种是莱布尼茨学说中物质关系意义上的关系空间，第四种是爱因斯坦学说中物质运动意义上时空统一以及相对的、非均质的空间。反思这些自然空间，它所开启的认识论意义具有三种形式。其一，它启迪着我们从人的角度思考空间，例如从属人的生产角度思考空间。其二，它启迪着我们从时空统一的角度思考空间，例如，从铁路、航路到网络空间所加速的商品流通就是时空统一分析的现实例证。此外，时空统一的分析还可以从前现代生产方式与现代生产方式并置的空间视域内得到理解，例如，处于前现代生产方式内的原始土著人民（如一些非洲部落）就难以理解处于现代生产方式内的美国式民主。其三，它启迪着我们从非平衡的意义上思考空间，例如，关于非平衡性，如城乡对立关系、从最初的国际殖民关系到现如今的国际依附关系与主从关系等均成为社会空间理论相关议题。

再次，从社会空间的本体论界定上理解空间生产。由于社会空间的本体论追问关涉到空间之多维存在的客观特性，因而空间生产的类型不限于物质广延性的空间生产，还包括其他形式的空间生产，如关系空间的生产、拟真空间的生产、权力空间的生产。根据这种厘定，空间生产不是一种创造空间的活动，而是改变物质形式而形成各种空间形式的产物的活动。例如，广延空间的生产是明显地表现为改造特定物质（桌子源自人类对木头的改变）；而赛博空间虽然是一种虚拟的缺乏广延的存在，但由于其本质上依托于物质，赛博空间的形成仍立基于人们的物质改变活动。按照这种认知，社会空间就是一种人造的产物，它本身会打上人类的烙印，但打上人类烙印的并不全是社会空间。例如，广延空间、关系空间、赛博空间可称为社会空间，但同样打上人类烙印的心灵空间、概念空间、精神空间、主观空间等只能视为主体建构的概念产物。这种主体建构的概念空间是空间术语的衍生用法，不具有客观实在的特性。此外，就空间生产与物质生产的关系而言，诚然前者立基于后者，但应避免两个认识论误区。其一，诚然没有离开物质的空间，但也没有离开空间的物质，就此而言，二者的关系不是物理时间层面上的线性先后关系，而仅仅是逻辑上的基础与产物的关系。其二，空间依托于物质，但空间又不可还原为物质，就此而言，空间不仅被物质所作用，而且空间亦能作用于物质。这一点正如众多研究者所指出的那样：社会空间及其生产既是物质生活生产的产物，也是物质生活生产的积极参与者。

最后，应当从意识形态的角度理解社会空间及其生产。根据马克思主义，特定的物质生产方式还将创造相应的生产关系以及基于其上的政治上层建筑与意识形态；就此而言，基于特定物质生产方式的空间生产将创造出其特有的空间建筑与空间意识形态。这种空间建筑包括用于居住的房屋、用于物质生产的厂房、用于物资流通的道路、用于国家镇压的监狱等；空间意识形态则包括当时占统治地位的空间理论以及代表反抗当时社会关系的空间理论等。这种空间意识形态一般重点指向特定生产方式下有关社会空间的主张。例如，资本主义生产方式力求私有化的社会空间，因而其倡导住宅私有化的观念：这一方面是便于资本积累的稳定性与连续性，另一方面也便于可变资本的节约。需要指出的是，空间意识形态虽然是一种主体建构的概念建构物，但本质上是对社会现实空间的主观反映，因而彻底消除空间意识形态不能局限于主观领域的思想解放，而应诉诸对世俗世界空间生产的现实解放。

3.3.2.3 价值论的追问

以上，我们从本体论与认识论的角度分别论述了社会空间理论的基本概念，此处，本节将从价值论的角度再行阐释。

首先，在马克思主义语境中，价值是指"对主客体相互的一种主体性描述，它代表着客体主体化过程的性质和程度，即客体的存在、属性和合乎规律的变化与主体尺度相一致、相符合或相接近的性质和程度"①。价值论所指涉的主体不是近代西方哲学中理性主义、知性思维所规定的主观性认知主体，而是人的生命活动中的能动性实践主体，从而只要有人存在，主体以及主体性的分析原则就不会过时②。就此而言，当用价值审视社会空间理论的基本概念时，研究者应当从主体性原则出发审视空间生产。从主体性原则出发，空间生产就是主体为满足其需要而改变物质以生产某种空间的活动，而社会空间就是这种空间生产的产物。这种主体性原则强调空间生产的属人性，其目的在于满足特定主体的需要，如栖居、休闲、娱乐、购物、纪念等，其结果将导致社会空间形态的多样性。由于主体及其需要具有多样性与历史性，因而空间生产与社会空间必然具有多样性与历史性。空间生产的主体性原则从根本上强调了人类改造空间的合理性。这种合理性的强调，一方面有利于反思当前空间生产中的反人类中心主义，另一方面它也需要避免空间生产中的唯主体主义。例如，面对生态保护的原教旨主义者，空间生产的主体性原则既要批判其将人驱逐出自然界的做法，承认人改造自然空间以创造社会空间的合理性，又要规范人

---

① 李德顺：价值论（第 3 版）[M]，北京：中国人民大学出版社，2013：53.

② 马俊峰：当前中国价值论研究的几个问题 [J]，哲学研究，2007（8）：98-101.

改造自然的限度，从而避免盲目改造自然的唯主体主义。

其次，由于空间资源的唯一性，人们在主客体关系中的空间生产活动，就不可避免地表现为限制或阻碍其他主体的空间生产活动。这揭示出，分析空间生产必须从单纯的主客体关系扩大到主体间性的关系。这种主体间性关系展现了空间生产中多元主体之间的博弈，其结果应当是追求彼此的空间权益最大化。但在现实生活中，由于个人这种主体在阶级主体、国家主体、社会主体等非个体性主体面前的天然弱势地位，满足个人需要的空间生产有时是难以得到重视的。例如，哈维就曾严厉谴责过印度与韩国政府打着社会公益的旗号剥夺个人空间需要的行径。这实际上就涉及空间生产中的价值排序问题，即个体的小我空间权益让位于大我的非个体的大我空间权益。由于个人在现实生活中的弱势地位，价值论尤其强调个人需要的正当性，即在空间生产中，不能因为阶级的需要、国家的需要或社会的需要等"大我需要"就忽视或轻视个人这种"小我需要"。强调"小我需要"在空间生产中的地位，不是导致空间生产中的"小我中心主义需要"，不是杜绝空间生产中的"大我需要"，而是矫正其中的"大我中心主义需要"。

最后，价值论的追问倡导从实践原则反思当前文献研究中的空间正义认知。这种空间认知具有两种形式：一种是从生产方式入手探讨空间生产是否正义，其探讨的是空间生产的正义与否；另一种是从日常生活入手探讨空间消费、空间交换、空间分配等是否正义，其探讨的是空间生活的正义与否。基于此，反思空间正义就有两种形式。其一，从空间生产的正义与否层面看，当前文献倾向于认为：空间生产，要么是正义的，要么是非正义的。这两种看法实际上都是把空间生产固化为一种生产方式下的空间生产而产生的理论误判，破解这种误判的关键在于彻底地贯彻解释空间正义的实践原则。空间生产内在于生产方式，当人们说某种空间正义是不正义时，这只能被理解为特定生产方式下空间生产的非正义。实际上，正义这个概念是一个历史性的概念，空间正义亦然。由此，人们不能断言一般的空间生产是正义的或非正义的。这正如价值概念一样，人们不能宣称一般的价值是好还是坏，而只能断言特定的价值对特定的主体是好是坏。需要指出的是，这种看法正确地指出：空间正义的寻求只能立基于正义型生产方式的寻求，设想在一个非正义的生产方式中寻求空间正义无异于缘木求鱼。其二，从空间生活的正义与否看，它反映出特定主体对空间生活的评价。在这种评价中，"评价主体以一定的尺度、标准来衡量客体，看它是否符合这标准的过程，一定事物越是符合评价尺度，评价者就越是给予较高的评价，认为其越好"①。但由于实践中的不同主体对同一空间生活具有不同的评价，因而基于对一定主体而言的好的空间生活对其他主体而言未必是好的，这就造成了空间正义的多元性。这种多元性拒斥统一型的元空间正义或平均主义的平均式空间正义，倡导一种有差异的空间正义。为了确保差异性空间是正义的，必须确保这种差异性空间具备一个底线标准。这种底线标准通常须满足两项要求：一种是具有面积或体积意义上的最小值，一种是生存意义上最必需的。例如，对住房正义而言，牵涉其中的底线标准就是满足公民最必需的住房需求（所谓居者有其屋）以及满足最低的人均住房面积需求（不能放任那种极度小的商品房如深圳鸽子笼存在）。空间正义的底线标准可视为各种主体在空间正义层面所达成的价值共识，经由这种价值共识，空间正义的底线标准可进一步上升为关于空间正

① 马俊峰：价值论的视野 [M]，武汉：武汉大学出版社，2010：252.

义的价值规范,可称之为空间规范价值^①。就此而言,面对当今社会的空间排序问题以及由此衍生的空间权益冲突,一个行之有效的应对性措施就是构建一个社会普遍接受的空间规范价值。

3.4 章结:社会空间理论的发展脉络

从思想史看,马克思恩格斯并非是首次探讨城市问题、住宅问题等社会空间问题的人,亦非首次探讨生产方式的人。然而,马克思恩格斯是首次把社会空间与生产方式放置到一起进行讨论的人。由此,他们提供了一个"空间与生产"的问题框架,从而开启了现代社会空间批判理论的哥白尼革命。这场革命的核心贡献在于:将社会空间置入到生产之中,使空间成为生产的要素与产物。

马克思恩格斯逝世之后,苏联马克思主义以及卢卡奇开创的黑格尔式马克思主义使得马克思恩格斯的社会空间思想消隐于文本之中。但消隐并非消失,随着空间实践重新进入到主体意识深处,消隐的社会空间思想必将重现。这种重现归功于列斐伏尔对法国空间规划的主观能动性思考。

列斐伏尔对马克思恩格斯社会空间思想的激活,为当代马克思主义对资本主义的解释与批判提供了一条新的研究路径。列斐伏尔社会空间理论的核心贡献在于:第一,重提生产方式与社会空间、空间生产之间的历史性关联,这意味着每一种生产方式都要创造属于自己的

---

① 这里,空间规范价值的提出借鉴了规范价值的理论。参阅马俊峰:再论重视规范价值的研究——兼论"普世价值"〔J〕,哲学动态,2009(7):5-9.

社会空间，这启示当代社会主义国家要形成具有符合社会主义特征的空间实践；第二，推动并参与了 20 世纪中叶的西方社会空间批判理论思潮，从而深化了当代马克思主义的解释力度与批判力度。

西方社会空间批判理论基本上重视从生产方式角度审视与批判社会空间问题，这无疑是值得肯定的一面。但是，由于这些西方研究者的研究对象是西方空间问题，因而他们的理论必然带有西方特有的问题。其一，由于西方城市化的成熟现状，国外研究者主要是把城市作为社会空间理论批判的对象，无意识地将城市固化为社会空间理论的研究对象；其二，由于资本主义生产方式在当前世界中的主导性地位，国外研究者主要是把资本主义生产方式所衍生的空间生产作为社会空间理论批判的对象。

20 世纪 90 年代，西方社会空间理论传入到中国。随着城镇化议题的升温，与社会空间研究相关的国内文献如雨后春笋般层出不穷。这种理论引入无疑有利于我们审视当代中国的城镇化。但是，这种引入不能简单地套用，而是必须在重视中国国情的基础上合理地引用。其一，作为一个社会主义国家，研究者必须结合社会主义的本质审视与批判空间生产；其二，作为一个城市化程度落后的国家，必须去除城市中心主义或城市化中心主义的理论倾向即避免城市化的大跃进，维护好城镇化发展中城乡之间的动态平衡；其三，作为社会主义市场经济的国家，必须勇于正视当前国内资本逻辑向空间生产的渗透，合理利用其优势并合理规避其劣势。

第4章　社会空间理论视域下的当代中国

从生产类型看，当代中国经历着从物质生产向空间生产的转变，其结果就是：当代中国正从传统的物质社会向空间社会转型。空间社会的到来扭转了人们看待社会的方式：人们把目光更多地聚焦于空间本身，而不再局限于空间中的物质。而当把目光聚焦于空间本身时，人们发现了一条新的观察与思考当代中国社会发展现状的理论路径。展示这条理论路径即为本节的主要任务。本节主要从三个方面展示这条理论路径：其一，探索空间与乌托邦的历史关联，以此揭示当代中国空间生产所承载的历史意义与人文关怀；其二，通过探索当代中国空间文明建设过程中的空间阵痛，以此揭示当代中国空间生产道路所面临的时代挑战；其三，探索当代中国寻求空间正义的可能性路径，以此为当代中国空间文明的建设提供特定的理论支撑。

4.1　寻求新生活：从空间乌托邦到当代中国空间生产

空间是人类生存和发展的基本维度，因而当他们反抗旧生活、寻求新生活的同时伴有新空间的产生，或至少是对新空间的寄望。这种情况在人类文明发展历程中造就了空间与乌托邦相互交织的历史。在早期西方社会中，"乌托邦通常被赋予一种独特的城市形态，大多数被称为城市规划的东西在很大程度上受到了乌托邦思维模式的影响"①。而在中国传统社会中，人们对美好生活的想象也总是伴随对特定空间的想象，例如老子在《道德经》中对小国寡民的想象以及陶渊明在《桃花源记》中对世外桃源的想象。进言之，空间与乌托邦的交织谱写了一曲曲空间乌托邦的发展史。在西方社会，空间乌托邦意味着对特定社会生活的反抗，其旨归在于寻求新生活的可能性。正是在继承与发展空间乌托邦的历史基础上，马克思恩格斯开辟了一条新的寻求新生活的道路，即超越空间乌托邦的共产主义运动。而当代中国社会主义空间生产即是对共产主义运动思想的时代展现。

4.1.1　寻求新生活的空间乌托邦

从历史层面看，西方空间乌托邦可分为两个发展阶段：前资本主义社会内的文学乌托邦与资本主义社会内的改良乌托邦。

4.1.1.1　前资本主义社会内的文学乌托邦

在 16 世纪、17 世纪之前的西方前资本主义社会，空间乌托邦主要是一种虚构的文学乌托邦。这种由文人或哲学家虚构出的文学乌托邦具有两种色彩：其一，它们具有非现实性：或者存在于此世之外的

---

① 〔美〕大卫·哈维：希望的空间［M］，胡大平译，南京：南京大学出版社，2005：152.

世界，或者虽然存在于此世但却是不同时代的其他地方；其二，它们是由一位明主设计出来的美好生活空间。例如，柏拉图在《理想国》中就描绘了一幅远离同时代且由一位哲人王设计的城邦生活。基督教徒在《圣经》中就描绘了一幅远离此世的由上帝设计的天堂生活。这种文学虚构的空间乌托邦虽然抗拒当时的社会生活，但它们也必然会反映当时社会生活的基本特征。这种社会特征是如此的自然，以至于空间乌托邦也无法消除它们在虚构世界中的存在。例如，尽管人们可以对前资本主义社会与资本主义社会的区别给出丰富多样的个性化答案，但有一点是具有共识的：前资本主义社会的显著特征是等级制，资本主义社会的显著特征是平等制。这种差距也深深地映现在空间理论中：前资本主义社会的空间是一种封闭的等级空间；而资本主义社会的空间则是一种开放的均质空间。不平等是前资本主义社会的伦理血液，其中的空间乌托邦也流淌着这种血液。这种认可不平等的思想反映在《理想国》中就是：柏拉图认为，每个公民生下来都有适合自己的城邦定位并因此形成了生产者、护卫者、统治者三个阶层。而在《圣经》中，尽管基督教徒在精神理念上消除了尘世的王以及相关的人与人之间的不平等，但同时它也塑造出绝对上帝；通过上帝这一形象，教徒在肉身上去除了枷锁但在精神上却打造了禁锢灵魂的爱之枷锁，由此，绝对的不平等仍延续了下来。

从实践效果看，前资本主义社会的空间乌托邦要么因为难觅明主而在现实中难以实现，要么对现实生活坦然受之、安于天命。写作《理想国》的柏拉图三游叙拉古，希望通过将叙拉古的王塑造成哲学王而实现理想国，但结果均以失败告终。而按照《圣经》行事的众多基督徒们则将现世生活归于上帝的安排而求得在彼世的救赎，尘世的现实格局通过归之于绝对上帝的安排而永恒化了。总之，前资本主义社会的哲学家、宗教家等既不能撼动政治伦理的根基即等级制，也难以觅得明主、上帝的辅助，因而其只能寄望于想象的乌托邦。

4.1.1.2　资本主义社会内的改良乌托邦

随着中世纪城市社会（兴起于 11 世纪左右）资产阶级的兴起，资产阶级开始构建以资本主义生产方式为主的现代社会，先前它们所立足的城市社会开始让位于现代意义上的代议制国家。但悖论的是，资本主义生产方式的兴起与普遍确立，使资产阶级此前为推翻封建等级制而鼓吹的民主、平等与自由在现实无产阶级的苦难生活面前日益显得苍白无力。无产阶级——资本主义生产方式所塑造以及必然依靠的产物——鲜明地体现了资本主义生产方式的非人道性，甚至是反人类性。正如马克思所言："资本来到世间，从头到脚，每个毛孔都滴着血和肮脏的东西"[①]。由此，资本主义的兴起与发展也导致了一场反抗资本主义的近代乌托邦运动。这场乌托邦运动在兴起之初也主要是诉诸文学创作，其显著特征在于：反抗私有制。例如，生活于英国"羊吃人"时代下的托马斯·莫尔在其名著《乌托邦》（1516 年）一书中，借拉斐尔·希斯拉德之口控诉私有制的罪恶，认为"如不彻底废除私有制，产品不可能公平分配，人类不可能获得幸福。私有制存在一天，人类中绝大的一部分也是最优秀的一部分将始终背上沉重而甩不掉的贫困灾难担子"[②]。为反对私有制，莫尔虚构了一种实行产品公有制的乌托邦即"公有制的圣土"[③]。莫尔的这场旨在反对私有制、建

---

① 马克思：资本论（第一卷）[M]，北京：人民出版社，2004：871.

② 〔英〕莫尔：乌托邦 [M]，戴镏龄译，北京：商务印书馆，2009：44.

③ 王秀兰：社会主义概念历史考 [J]，冀东学刊，1996（3）：12–19.

立公有制的乌托邦运动在《太阳城》（托马斯·康帕内拉，1623 年）、
《基督城》（约翰·凡勒丁·安德里亚，1619 年）等著作中延续了下来，
成为此后空想社会主义者的理论先声。

18 世纪末、19 世纪初，西方工人阶级的苦难生活一如既往，甚
至每况愈下，成为文明社会赤裸裸的嘲讽。是时，有志于改造社会
苦难的人士提出了诸多设想，例如圣西门的"实业制度"，傅立叶的
"法郎吉"。但这些理念由于缺乏资本家、政府人士、社会贤达等人的
支助而未能成为现实。只有欧文的理念得到部分资本家、政府人士、
贤达人士的赞助而有幸化成社会实践。当欧文购买新拉纳克并实行以
公有制为基础的新拉纳克工厂（1800—1825）时，这就标志着反抗资
本主义的乌托邦运动已经从文学虚构阶段开始进入到现代意义上的改
良乌托邦阶段。

欧文工厂奉行的理念是改善了的生存环境能给工人塑造理性的
性格，从而使工人过上有序、理性的幸福生活；其目的是改善由私有
制所造成的弊害，即"劳动阶级普遍缺乏能赚得足够工资以维持家计
并有利于社会的工作"[①]；其具体实行措施具有多种形式，例如财产
公有、均分，改进技术（如用锹而不用犁耕地），改革价值标准（用
劳动小时制报酬制取代黄金、白银以及银行券）等；其领导者是慈善
家、资本家、政府官员等贤达、开明的人士。

欧文在工厂实验中所取得的成就使他渴望将工厂实验的方法推广
到整个社会，从而实现对世界的整体改善。对于采取何种措施改善社
会，欧文认为：首要的措施在于现有的政府能自我改革，从现有的不

[①] 〔英〕欧文：欧文选集（第一卷）［M］，柯象峰，何光来，秦果显译，北京：
商务印书馆，2009：306.

合理政府逐渐过渡到合理的政府，并以此为基础，通过合理的政府对社会环境实行良好、有序的改造，从而为国民塑造理性的性格继而使其过上理性、祥和的幸福生活①。然而，这种措施的最大问题在于：是先改善现有的社会环境，还是先改善现有的政府呢？如果说先改善现有的社会环境，那么生活于现有社会环境下的人由于缺乏相应的知识必然无法胜任这项改造的任务；如果说先改善现有的政府，那么现有的政府在不改善现有社会环境的前提下必然难以自我改革。为了解决这种问题，欧文不得不假设一种先在的知识，现有政府通过习得这种知识，它们必然能自我改善，继而改善社会、改善国民性格、改善国民生活。对于这种假设，马克思曾作出过深刻的揭露与批判，认为："有一种唯物主义学说，认为人是环境和教育的产物，因而认为改变了的人是另一种环境和改变了的教育的产物，——这种学说忘记了：环境正是由人来改变的，而教育者本人一定是受教育的。因此，这种学说必然会把社会分成两部分，其中一部分凌驾于社会之上。（例如，在罗伯特·欧文那里就是如此。）"②。总之，欧文的这种假设表明其已经陷入了历史观上的唯心主义，原因正如普列汉诺夫所指出的那样，即他（包括傅里叶、圣西门等在内的 19 世纪社会主义空想大师们）"把人的'理性'视为社会发展的动力，认为人类社会发展的进程完

---

① 欧文在《人类思想和实践中的革命或将来从无理性到有理性的过渡》一文第三章阐释了这种观点。在该章中，欧文认为，社会整体改善可以分为三步：第一步，政府自我改善成合理政府；第二步，合理政府改善小村庄；第三步：由改善小村庄逐渐过渡到对社会整体的改善。参见〔英〕欧文：欧文选集（第二卷）〔M〕，柯象峰，何光来，秦果显译，北京：商务印书馆，2009：106-127.

② 马克思恩格斯选集（第一卷）〔M〕，北京：人民出版社，1995：59.

全决定于'理性'，社会发展的历史就是'理性'的历史"①。

从实践效果看，欧文的改良乌托邦运动虽然注重财产的公有、均分，但由于其实现路径依赖于资本家、慈善家、政府人士的支助，因而一旦这些支助被切断，那么欧文的改良乌托邦必然陷于失败②。而且，事实显示：随着欧文逐渐失去资本家、政府人士的支助而于1825年卖掉新拉纳克工厂时，欧文的改良乌托邦梦想也开始趋于失败。此后，他去美国倡导和谐公社，虽然取得诸多成就，但总体来说他并未实现从整体上改造社会的愿望。欧文工厂实验的失败，标志着以资本家、政府人士、社会贤达为主导力量而实行的空间乌托邦改良运动的失败。从当今资本主义社会现状看，公司员工的持股制、八小时工作日、工资增长制度，国家层面实施的社会保障制度以及各种非政府组织（NGO）实施的扶贫、脱贫项目等，都是对18世纪空想社会主义者改良乌托邦方案的当代展现。然而，这些成就并不能消除工人阶级的贫困，它们至多是从时间层面上推迟了苦难或从空间层面上转移了苦难。质言之，只要希求在资本主义社会内改造社会，那么这必然陷入欧文所经历的失败命运。这意味着人们不能再像欧文那样设想：将社会的整体改善置于资本家、官员等社会贤达的自愿改善或慈善救济。

4.1.2 超越空间乌托邦的共产主义运动

19世纪伊始，西方社会开始爆发各种反抗资本主义的工人阶级运

---

① 李占一：普列汉诺夫论十九世纪空想社会主义者的历史观［J］，学术界，1990（1）：29-34.

② 此外，欧文注重家长式管理的办厂理念，并未让工人参与到工厂的经营、管理或决策。这也是其工厂实验失败的原因之一。

动。尽管这种工人阶级的运动或多或少受到各种不利于工人阶级发展的社会主义（如封建的社会主义、基督教的社会主义、小资产阶级的社会主义、德国的或"真正的"社会主义、空想社会主义）的影响，但它显然标志着一种全新的空间实践：一种以工人阶级自身为主体的空间改造运动。通过将工人阶级置入到对资本主义发展史的分析中，马克思赋予了工人阶级改造资本主义社会从而解放全人类的历史使命。马克思提出的共产主义运动就是这种历史使命的具体展开，这场运动为人们寻求新生活开辟了新的途径。共产主义运动的目标是建立公有制社会，其实践途径则在于依靠无产阶级的自我解放，而不是寄望于资本家、政府人士、社会贤达等人的改善。改良乌托邦寻求从局部空间解放（某个工厂）逐渐扩张到社会全体解放（整个社会），其变革的主体是共同合作的全人类；而共产主义运动一开始就把人类解放立足于社会整体的解放，其变革的主体是无产阶级，依据无产阶级的自我解放继而寻求人类共同体的整体解放。

从马克思的文本看，共产主义运动的目标是实现以公有制为支点的社会建设道路，是一个实际的运动过程。马克思曾设想了两种空间场合下的共产主义运动。

第一种是发生于资本主义社会之内的共产主义运动，这种设想最早见于他与恩格斯合作的《形态》，后陆续见于《宣言》《资本论》等著作中。在这些著作中，马克思（包括恩格斯）对在资本主义社会之内发动共产主义运动的可能性作出了三种严格的历史规定：其一，由生产力普遍发展所导致的物质丰盛，该条件将使阶级斗争超越狭隘的物质斗争而上升到更高程度的解放（包括政治解放、精神解放、社会制度解放等）；其二，资本主义生产方式造就出的世界历史导致无产阶级之间社会交往的普遍化、国际化，该条件将使阶级斗争超越狭隘的国家主义、民族主义而上升到世界主义、国际主义的解放高度；其三，资本主义社会在财富分配方面日益悬殊的两极分化，从而使无产阶级产生一种彻底丧失自我的体验，这进而使无产阶级的阶级斗争意识能够超越解放本阶级的狭隘维度而上升到解放人类命运共同体的高度。在满足这些条件下，西方资本主义社会将被无产阶级所推翻，并进展为一个以公有制为基础的新社会。

第二种是发生于与资本主义社会并存的前资本主义社会的共产主义运动，这种设想见于晚年马克思回答查苏利奇关于俄国公社命运时所作的答复。在《给维·伊·查苏利奇的复信》中，马克思首次区分了资本主义社会的共产主义运动与前资本主义社会的共产主义运动。在马克思看来，俄国农村公社可以不必重蹈西欧公社的发展命运，为此他提出了广为人知的跨越"卡夫丁峡谷"设想。马克思为该设想的实现规定了两个历史条件：其一，俄国人应在农村公社未消失之前，尽快发动革命成立公有制的社会主义国家；其二，在保持公有制制度的基础上，积极吸取当代资本主义社会的发展成果。这种跨越设想强烈地凸显出：马克思对公有制作为新社会发展支点的坚持与认可。

马克思恩格斯逝世之后，世界的发展形势显示：第一种空间即资本主义社会内的共产主义运动设想并未发生，而第二种空间即前资本主义社会内的共产主义运动设想已在苏联、中国等国家得到了重要的实践。

一方面，当代西方资本主义社会的确实现了生产力的极大发展、物质财富的丰盛、资本主义生产方式的全球化、财富分配的两极化[①]，

---

① 在西方社会，社会财富分配的两极分化趋势已是事实。对此，法国经济学家托马斯·皮凯蒂作出了详细的资料梳理。参见〔法〕皮凯蒂：21世纪资本论［M］，巴曙松等译，北京：中信出版社，2014：251–253.

但其结果却是：消费主义泛滥的消费社会、国际工人组织的低潮、以工人阶级为主的阶级斗争运动让位于以多种阶级为基础的社会改革运动。尽管资本主义社会由于各种危机经历过各种反抗运动，如反抗生态污染的绿色运动、反抗金融家与资本家的占领华尔街运动以及最近兴起的法国"黑夜站立"①运动等，而且尽管有不少抗议运动可能打着马克思主义的旗号，但它们已与马克思所设想的推翻资本主义私有制的共产主义运动有着极大的不同。此外，从危机效果看，这些危机并未加速资本主义社会的消亡或崩溃，反而助力于资本主义社会的自我诊断与自我修复。

另一方面，苏联与中国，作为与资本主义社会并存的前资本主义社会国家，通过共产党领导的无产阶级革命运动实践了马克思的第二种共产主义设想，从而开创了以公有制为基础的社会建设事业。这标志着寻求新生活的空间已经进入了一个新的阶段，即在公有制支点上的社会建设。但由于没有搞清楚"如何定位社会主义社会的发展阶段""什么是资本主义社会的发展成果"以及"如何吸取资本主义社会的发展成果"等问题，导致苏联与当代中国前二十年（1956—1976年）左右的社会主义实践走了不少弯路。归结起来，苏联与前二十年的中国并未恰当地定位好社会主义社会的发展阶段，以致未曾合理吸收资本主义社会的发展成果，盲目发展超越社会生产力发展水平的生产关系与经济制度，从而致使社会实践出现了一定的曲折。这不可不

---

① 2016 年 3 月中旬，法国政府推出劳动法修改草案，希望通过增加工作时长、赋予雇主更多用工自主权等措施刺激经济增长。该草案一定程度上损害了劳动者利益，并由此引发了抗议浪潮。4 月以来，这股抗议浪潮逐渐演变为一场波及法国数十城市的"黑夜站立"运动，从而折射出法国所面临的重大社会危机。参见 http://news.xinhuanet.com/world/2016-04/23/c_1118712544.htm。

谓一个深刻的历史教训。

1978 年之后的当代中国（以下简称当代中国）社会主义建设是对马克思第二种共产主义运动设想的再实践。如果人们回顾马克思在第二种设想中所提的两个条件，即公有制与积极吸取资本主义社会的发展成果，那么他们将发现：这两个条件只提供了方向性的指引，而并未给出如何操作的具体措施。它们直接导致的问题是：第一，该对哪些对象采取公有制？第二，资本主义社会的哪些成果是可以被吸取的？当然，马克思不能回答，也不应被要求回答这两个问题。此外，人们也不能仅仅从理论上回答这两个问题。相反，人们应当在尊重现实社会生产力发展水平的基础上，在实践中回答这两个问题，这表现为：在实践中，决定哪些对象是必须公有化（以及哪些对象可以私有化）；决定哪些资本主义发展成果可以借鉴（以及哪些资本主义发展成果必须舍弃）。面对这些问题，当代中国进行了积极的探索。改革开放的设计师邓小平总结过去的经验教训，提出了四点主张：其一，发展生产力；其二，处于社会主义初级阶段的中国必须结合计划经济和市场经济发展生产力，其结果就是发展好社会主义的市场经济；其三，在发展中必须坚持公有制经济占主体地位；其四，在发展中始终坚持四项基本原则，发挥好党的领导作用[①]。此后，历届党代会在坚持邓小平思想的基础上，提出了建立社会主义市场经济体制

① 详情参见邓小平的相关谈话：1979 年的《坚持四项基本原则》与《社会主义也可以搞市场经济》（参见邓小平：邓小平文选（第二卷）[M]，北京：人民出版社，1983：158–184、231–136.）；以及 1985 年的《社会主义和市场经济不存在根本矛盾》、1987 年的《计划和市场都是发展生产力的方法》与《一切从社会主义初级阶段的实际出发》（参见邓小平：邓小平文选（第三卷）[M]，北京：人民出版社，1993：148–151、203、251–252.）。

的经济政策，并且在坚持公有制经济主体地位的基础上进一步深化改革开放，据此走出了一条具有符合社会主义初级阶段的中国特色社会主义道路。

从空间乌托邦到共产主义运动，反映了构建新生活的路径之更替。空间乌托邦的失败表明：人类解放不能寄望于由少数贤达人士或明主开启的由上而下的改良式道路，更不能寄望于来世或彼岸的宗教式救赎道路。马克思将共产主义运动界定为公有制基础之上的运动，某种程度上是对欧文改良乌托邦的继承与发展：继承的向度表现为坚持公有制；发展的向度表现为解放者是工人阶级自身以及代表工人阶级利益的共产党，而不是偶尔发发善心的慈善家、资本家。此外，共产主义运动将新生活的改革立基于公有制的空间之内，其目的并不是像乌托邦设想的那样一劳永逸地解除人间苦难，而是为人类社会的发展提供一个崭新的支点，从而为新生活的分娩尽量减少不必要的阵痛。

4.1.3　当代中国空间生产的内蕴

当代中国空间生产是处于社会主义市场经济条件下的一种空间生产。探讨其含义，首先要避免两种认识误区。

第一，避免将空间生产归因于资本逻辑的认识误区[①]。空间生产是人的基本存在方式，贯穿在人类世世代代的衣食住行等日常生活中；

---

① 庄友刚与王学荣分别辨析了资本逻辑与空间生产之间的区别于联系。参见庄友刚：空间生产与资本逻辑［J］，学习与探索，2010（1）：14–18. 另参见王学荣：论资本逻辑与空间生产逻辑的"二律背反"［J］，理论导刊，2012：（7）：51–52、57.

而资本逻辑是人类历史发展的阶段性产物，具有短暂性以及追逐利润的本性。因而，单从时间上看，空间生产也要早于资本逻辑，它们之间的耦合只是近代以来资本主义生产方式发展所导致的特定情形。经验表明，资本逻辑与空间生产的耦合是悖论的。一方面，随着资本逻辑所推动的新技术发展，当代社会的空间生产能力得到了极大的提升，从而提升了人们的空间生活水平。例如，就建筑生产而言，资本逻辑所推动的建筑工业化向建筑产业化的升级客观上提升了空间生产的效率、节约了空间生产的成本、改善了空间生产的劳动条件、增加了住房的供给等。但另一方面，资本逻辑的逐利性也使当代空间生产出现了严重的空间异化现象（如生态环境污染、城市病、人类身体的畸形化、多病化，以及房屋空置率以及无房者的增多），从而使当代空间文明蒙上了野蛮化的阴影。这种经验表明：资本主义主导的空间生产是必然不能长久的。此外，从历史眼光看，空间生产作为一种基本的人类活动，它可以与各个生产关系结合，从而导致各种各样的空间生产，而资本主义空间生产只是其中的一种。根据马克思关于资本主义生产方式必然消亡的论点，资本主义的空间生产也必然消亡，但这并不是说空间生产本身要消亡。因而，经验与历史眼光启示我们：在探讨当代空间生产的性质时，都不能简单地将空间生产归因于资本逻辑，而应审慎地区分二者。这种区分的意义在于：不会因为资本逻辑主导下空间生产的异化而否定空间生产本身。例如，当代西方资本逻辑主导的城市化造成了现代社会特有的城市病，但这不能否认城市化在人类社会发展中的进步意义，更不能否认当代中国实行城镇化的进步意义。

第二，避免将空间生产性质与国家性质同构化的认识误区，该误区认为：特定国家只具有特定性质的空间生产，例如社会主义空间生产只存在于社会主义国家，或资本主义空间生产只存在于资本主义国家。按照列斐伏尔的看法，一个新的社会形态应形成新的空间生产方式以及相适应的新空间形态，否则它的成立就不能说是成功的。那么，这是否意味着：作为社会主义国家的当代中国必然要生产出当代西方资本主义社会所没有的空间生产方式或空间形态呢？但放眼观之，人们可以发现：无论是在空间生产方式方面，例如由政府主导的保障房生产、基础道路（公路、海陆、航路）建设、城市规划等或由资本主导的商品房建设、土地开发等；还是在空间形态方面，由资本主导或政府主导的银行、超市、金融大厦、人造风景区、办公大楼等，都普遍地存在于当代中国与资本主义国家。一定程度上，人们可以说，当代中国与西方资本主义社会在空间生产与空间形态方面具有相似性。那么，面对这种相似性，是列斐伏尔论断的错误呢？还是社会主义建设的失败呢？本书认为，列斐伏尔的论断是正确的，同时社会主义的建设也是成功的。要认识到二者的合理性，其关键在于区分空间生产性质与国家性质，避免将二者同构化的认识误区。当代世界是一个社会主义与资本主义并存的社会，社会主义国家和资本主义国家都会借鉴对方的有利因素，其结果就是：资本主义国家会出现符合社会主义性质的空间及其生产，反过来，社会主义国家会出现符合资本主义性质的空间及其生产。面对这种空间生产的相似性，如果再执着地将社会主义空间生产局限于社会主义国家，或将资本主义空间生产局限于资本主义国家，那么这将犯下典型的教条主义与本本主义错误。我们应该坚持从实际出发，认识到社会主义国家允许资本主义空间生产的合理性，也要认识到资本主义国家搞社会主义空间生产的超前性。当然，肯定资本主义国家与社会主义国家在空间生产方面的相似性，并不是抹杀二者的区别。二者的区别在于：资本主义国家始终把资本主义空间生产放置在首位，难以发挥社会主义空间生产的优势；而当代中国则把社会主义空间生产放置在首位，能够较好发挥社会主义空间生产的优势[①]。

避免上述两种认识误区，有助于我们更好地理解当代中国空间生产的内涵。

第一，历史经验证明，当代中国必然要实行社会主义市场经济体制，从而在现代化建设中引进资本作为推动生产力发展的助推器。而在引进资本的过程中，资本逻辑必然随之衍生，进而随着资本逻辑向空间生产领域的渗透，当代中国空间生产也必然出现追逐利润而违反社会主义本质要求的异化现象。就此而言，人们应该在社会主义市场经济这种历史背景下理解当代中国空间生产的基本内涵。这种历史背景决定了当代中国空间生产既不同于纯粹社会主义的空间生产，也不同于纯粹资本主义的空间生产，而是介于两者之间并趋向于前者的空间生产。资本逻辑与社会主义的并存，导致当代中国空间生产既具有体现社会主义特质的空间生产，也具有体现资本逻辑特质的空间生产。顺此言之，这导致当代中国空间生产在价值取向上的双向性：其一，空间生产既要满足社会主义的公益性要求；其二，它又要满足资本逻辑的逐利性要求。

第二，在当代中国空间生产中，公有制主导的空间生产占主体地位，而私有制经济主导的空间生产是作为补充经济活力的积极要素。在这里，重申公有制的空间生产占主体地位这一点是非常必要的，因

---

① 哈维曾比较了美国和中国在经济刺激方案中的空间生产，认为中国的社会主义因素能更好地促进空间生产。参见〔美〕大卫·哈维：美国与中国经济刺激方案比较〔J〕，吴铭译，国外理论动态，2009（7）：23-25.

为或许有一种观点将依据国内房地产市场这一事实，直观而感性地认为私有制的空间生产才是占主体地位的。当前国内房市确实呈现为一个困扰民众生活的重大民生问题，但不能因此感性地推论私有制的空间生产就占据主体地位。从概念的周延看，空间生产包括但不限于住房建设，其中：住房建设虽然是空间生产的重要因素但并非唯一的要素，其余的空间建设，如各类停泊点（飞机场、火车站、汽车站、港口）建设、各类道路（公路、海路、航路、桥路、铁路）建设、各类空间规划（景区规划、城市规划、乡村规划、电网规划、网络基建规划）等这些都属于空间生产的要素。且不说房市中也有公有制主导的保障房或公租房建设，显然，单从空间规划、道路等此类空间要素的生产主要是由国有公司所主导的这一点来看，公有制主导的空间生产仍占据主体地位。进言之，当代中国仍应继续坚持并发挥好公有制空间生产的主体地位，而且要使现代化空间生产带来的空间文明与空间成果更好地惠及人民。

第三，科学认识当代中国的资本主义空间生产，厘清其本性，澄清若干认识误区。（1）不能认为当代中国的资本主义空间生产会褪去自身的非正义性。从性质上看，资本主义空间生产必然是一种非正义的空间生产。这种非正义生产的秉性并不会因为处于当代中国社会主义之内而有所改变。当代中国之所以引入资本，允许资本主义空间生产，是社会主义初级阶段这一国情的历史产物，并不是因为政府能改变资本主义空间生产的贪婪本性。（2）不能认为当代中国的资本主义空间生产具有自觉地服务于公共事业的道德血液与理性血液。人们可以对中国搞资本主义经济这一历史性事实作出三种辩护性主张。第一种是从生产力的角度进行辩护，认为当代中国之所以选择资本主义经济，只是把资本作为推动生产力发展的工具，作为历史发展过程的权宜之计。在这种辩护角度看来，资本主义经济的内在非正义性并未褪色，因而中国才申明最终会废除资本主义经济。第二种是从经济伦理学的角度进行辩护，认为当代中国之所以选择资本主义经济，是因为资本虽然具有贪婪的本性，但同时也具有内在的道德秉性。第三种是从经济人的角度进行辩护，认为当代中国之所以选择资本主义经济，是因为资本虽然具有非理性的特征，但同时也具有理性的特征。第二、第三种辩护视角从好－坏并存的二分法视角看待资本主义经济，由此，它们认为当代中国发展资本主义经济，实质上是发展其中的理性面、道德面，规避其中的非理性面、非道德面。但如果说资本主义经济具有内在的理性、道德，那么中国舍弃资本主义经济就是没有道理的，因而后两种视角无法有效回应中国为何最终要取消资本主义经济的做法。实际上，资本主义经济之所以表现出道德之维、理性之维，这并不是它的内在本性使然，而是出于两种原因：一种是这样做能更好地满足它的非正义性要求；另一种是社会抗议、政府监管或公民要求等外部要求使然。质言之，不能因为当代中国允许资本主义经济合法化，就认为资本主义经济及其衍生的资本主义空间生产具有内在的道德血液或理性血液；但作为补充，来自于政府、社会、公民、媒体等多主体的监督监管可以作为引导资本主义空间生产作出趋于理性、道德的选择。（3）不能将资本主义空间生产混同于空间要素的市场化。市场是空间资源要素化的平台，而资本主义空间生产则是该平台中的一种运行方式。无论是从概念的外延还是内涵看，二者都不应等同。进言之，面对资本主义空间生产的双重性，有两点需要引起注意：一方面，人们不能因为该生产的危害性而否定它存在的历史正当性，更不能借故否定空间要素市场化的历史必然性；另一方面，人们不能因为资本主义空间生产的积极性而试图一再扩大它的存在范围，不能忽视或无视资本主义空间生产的边界。从引入资本的初衷看，当代中国的资本主义经济在哪些领域能涉足空间生产，涉足到什么程度，以何种方式涉足等都不应该违背社会主义的本质要求。为防止出现这种背离，不能仅限于事后的纠偏、惩处，而须做到事先预警、制度层面的危机规避。中国特色社会主义进入新时代以来，以习近平同志为核心的党中央提出要加强市场在资源配置中的决定性作用，这当然不意味着将资本主义经济发展成主导性或决定性的经济方式。就空间生产而言，当代中国理应加强空间资源的市场化分配，但这绝不意味着资本主义空间生产起决定性作用，绝不意味着资本主义空间生产取代社会主义空间生产（国有企业或集体企业控制的空间生产）的主体性地位与主导性地位。

综上，当代中国空间生产是承继人们自古以来寻求新生活之理想的当代展现，亦是对马克思共产主义运动设想的当代实践，其主要包含社会主义空间生产与资本主义空间生产。从性质或历史定位看，当代中国空间生产是处于纯资本主义空间生产与纯社会主义空间生产之间并逐渐趋向后者的空间生产类型。这种历史定位决定了当代中国空间生产既要满足社会公益又要满足资本私益的双重特性，最终要朝着体现社会主义本质要求的方向前进。

4.2　当代中国空间生产中的阵痛

如果说，当代社会的生产类型正由物质生产转变为空间生产；那么，当代社会的社会类型也正由物质社会转变为空间社会。各种交通道路如桥路、公路、铁路、海路、航路等的建设，各种住宅如商品

房、保障房等的建设，以及各种区域如城市、乡村、风景区等的规划
等，均可视为空间社会成立的显著标示。就此而言，我们可以说，当
代中国正经历着一个重大的空间生产变迁以及相应的空间社会转型。
在这种变迁与转型中，一种符合社会主义本质要求的空间文明正在神
州大地悄然兴起。然而，当代中国在创造辉煌空间文明的同时，也面
临着不容轻视的空间阵痛。本书认为，这些阵痛可分为三种：其一，
宏观层面上，全球化中资本主义空间生产的冲击；其二，中观层面
上，空间规划中的空间失衡与空间剥夺；其三，微观层面上，城市化
中的城市病。

4.2.1　全球化中资本主义空间生产的冲击

在马克思恩格斯看来，资本主义生产方式为了缓解自身危机，必
须在世界范围内不断地更新或开拓市场，即进行全球范围的空间生
产。在马克思恩格斯所处的年代，资本主义生产方式的全球扩张主要
是依靠有硝烟的国家战争来实现的，这种战争即是资本主义国家向前
资本主义国家或非资本主义国家所发动的侵略战争。这种以侵略战争
推动经济剥削的结果就必然造成全球范围内的从属关系。由此，马克
思恩格斯才在《共产党宣言》中宣称全球范围的资本主义空间生产将
造成世界性的空间从属。这种从属具有三种表现形式：其一，未开化
与半开化型国家向文明型国家的从属；其二，以农民为主的民族向以
资产阶级为主的民族的从属；其三，东方向西方的从属。就此而言，
在马克思恩格斯看来，资本主义生产方式的全球化扩张将逐渐塑造一
个受资本逻辑主导的不平衡世界体系。20 世纪 70 年代之后，全球范
围内的殖民地时代结束了，但是资本主义空间生产在全球范围内所造

成的不平衡世界体系却并未消失。其缘由在于：殖民地时代只是资本主义空间生产全球化得以实现的一种赤裸裸形式，却并非唯一形式。随着殖民地时代的结束，西方国家又开始采取新自由主义、西式自由民主、消费主义文化等非政治形式的输出等填补殖民地时代所留下的空白，从而继续维持了不平衡世界体系的存在。

在这种不平衡的世界体系中，由资本主义生产方式主导的全球空间生产给包括中国在内的发展中国家造成了多种冲击。

首先，全球化中的资本主义空间生产对包括中国在内的发展中国家造成了文化冲击。在马克思恩格斯看来，"要研究精神生产和物质生产之间的联系，首先必须把这种物质生产本身不是当作一般范畴来考察，而是从一定的历史的形式来考察。例如，与资本主义生产方式相适应的精神生产，就和中世纪生产方式相适应的精神生产不同"[①]。就此而言，当资本主义生产方式国家向非资本主义生产方式国家扩张时，前者所衍生的文化必然冲击后者的本土文化。这种文化冲击一方面会带来建设性的意义。以中国为例，马克思认为，中英鸦片战争的爆发，使"满族王朝的声威一遇到英国的枪炮就扫地已尽，天朝帝国万世长存的迷信破了产，野蛮的、闭关自守的、与文明世界隔绝的状态被打破，开始同外界发生联系"[②]。易言之，这种冲击有利于近代中国认识到本土文化的狭隘性，从而可望促动本土文化与外来文化的相互交揉甚或相互融合。另一方面，这种文化冲击会导致破坏性后果。以中国为例，中国进入半殖民地半封建社会之后，中国传统文化受到西式文明的强烈冲击，部分国人失去文化自信，从而走上文化自戕或

---

① 马克思恩格斯全集（第 26 卷）[M]，北京：人民出版社，1973：296.

② 马克思恩格斯选集（第 1 卷）[M]，北京：人民出版社，1995：691.

文化西化的道路。鲁迅先生曾在《文化偏至论》里批评了两种文化倾向，其中一种就是因失去文化自信而导致的文化西化或民族文化虚无主义①。这种文化西化在当代中国学术界的表现形式是学徒身份，其后果就是在学术话语体系以及分析问题的范式层面都带有特定的西方痕迹。面对这种文化冲击的双重性，我们既不能以西方文化冲击的建设性意义而为西方殖民辩护，也不能以西方文化冲击的破坏性后果而失去文明自信或绝缘于西方文化。随着当代中国国际影响力的提升，如何重新树立文化自信，如何建构平等的中西文化对话机制，是当代中国知识分子面对的文化难题。

其次，全球化中的资本主义空间生产对包括中国在内的发展中国家造成了政治冲击。现代西方资本主义的发展与以代议制民主、三权分立、全民普选制为核心的一套政治体制的形成是分不开的。随着西方资本主义生产方式的全球化扩张，西方亦开始输出其政治体制中的代议制民主、三权分立、全民普选制等。这种输出在殖民地时代是通过侵略战争实现的。随着殖民地时代结束与主权国家的兴起，西方开始采取较为温和、较为隐秘、较为长期的政治演变形式。在这过程中，西方国家采取多种方式参与当事国的政变活动，例如：大肆批评他国人权状况；积极支持当事国的政治反对派、政治颠覆派乃至深受全球痛恶的恐怖组织；在当事国培植亲西方政治体制的理论精英；在他国部署带攻击性的武器。以中国为例，在 1949 年之前，西方列强

---

① 鲁迅在《文化偏至论》文开篇就谈到了两种文化观：一种是"抱残守缺，以低于灭亡"的文化"顽固"派，一种是"言非同西方之理弗道，事非合西方之术弗行"的文化"思变"派。参阅《鲁迅全集（第一卷）》（人民文学出版社，2005 年）第45 页。

主要是通过侵略战争、党派扶持等形式妄图实现对中国的政治干预；1949 年之后，西方列强则主要是通过人权批评、藏独扶持、亲西派精英培植等形式实现对中国的政制批评。此外，当前美国在韩国的萨德部署等一系列围绕中国的地缘冲突事件显然是对中国的政治威胁，是其阻止当代中国和平崛起的政治手段。这些均可视为美国这类发达资本主义国家对当代中国的政治冲击。对当代中国人而言，面对这种政治冲击，如何树立政制自信，如何阐释中国政治体制的合法性，如何有效应对来自西方的政治攻势，是摆在当代中国人面前的政治难题。

再次，全球化中的资本主义空间生产对包括中国在内的发展中国家造成了经济冲击。马克思恩格斯认为，在资本主义全球化的扩张中，"一种与机器生产中心相适应的新的国际分工产生了，它使地球的一部分转变为主要从事农业的生产地区，以服务于另一部分主要从事工业的生产地区"①。由此可知，马克思恩格斯所揭示的资本全球化"并不是一个利益均沾的历史过程，资本的全球拓展过程同时也是落后民族和国家逐渐被边缘化的历史进程，不平衡性始终是资本全球积累的一个重要方面"②。在马克思恩格斯所处的殖民地时期，这种不平衡的国际分工主要是以工业地区为核心、以农业地区为边缘的等级结构。而在当前农业、工业、后工业并存的新全球化时期，不平衡的国际分工则表现为"以后工业空间为核心、工业空间为半边缘、农业空间为边缘的等级结构"③。这里描述的是产业间国际分工与产业内国际分工。但从产

---

① 马克思恩格斯全集（第 23 卷）［M］，北京：人民出版社，1972：494-495.

② 李春敏：马克思的社会空间理论［M］，上海：上海人民出版社，2012：93.

③ 孙江："空间生产"——从马克思到当代［M］，北京：人民出版社，2008：177.

业角度探讨国际分工的同时，我们也要看到当今全球化国际分工的一种新形式，即产品内国际分工。在这种产品内国际分工中，"跨国公司将产品生产的不同工序、任务、环节在空间分割，组成了价值增值的不同链条"①。这种不平衡的国际分工必然会造成价值在地里层面的不平衡转移，法国经济学家托马斯·皮凯蒂在《21世纪资本论》中所描述的财富分配的国际极化趋势就是这种表征。就此而言，作为一个发展中国家，当代中国既处于产业间国际分工与产业内国际分工之中，又处于产品内国际分工之中。而且，当代中国在这种国际分工中总体上并未处于上游地区，从而不得不成为西方资本主义国家获取利润的重要地带。如就产品内生产的国际分工而言，当代中国主要处于产品生产的下游环节即简单加工、服务、销售等环节，而绝缘于产品生产的中上游环节。由于这种现状，当代中国才被称为世界加工厂。面对这种不平衡的国际分工，当代中国不能仅仅满足于如何占据国际分工的上游地区，而且应该要格式化这种不平衡的国际分工体制，代之以一种新的平衡的国际分工体系，此即构成当代中国的经济难题。

最后，全球化中的资本主义空间生产对包括中国在内的发展中国家造成了生态冲击。在马克思恩格斯看来，人与自然本应是一种密切联系的有机体，但"只有在资本主义制度下自然界才不过是人的对象，不过是有用物；它不再被认为是自为的力量；而对自然界的独立规律的理论认识本身不过表现为狡猾，其目的是使自然界服从于人的需要"②。在这种取用关系中，资本主义生产方式具有一种反生态性，

① 赵瑾：适应全球价值链 调整政策着力点［N］，经济日报，2017-3-10，第15版.

② 马克思恩格斯全集（第46卷上）［M］，北京：人民出版社，1979：393.

必然会造成生态危机。而随着资本主义生产方式的全球扩张，资本主义国家通过把高污染、高耗能的产业转移到发展中国家，从而一定程度上转嫁了本国生态危机，但其后果却是造成了全球范围内的生态危机。正如福斯特所指出的，资本主义生产方式所追求的利润积累欲望"一直靠全球环境不断被系统地剥夺其自然财富得以维持。环境被蜕变成了索取资源的水龙头和倾倒废料的下水道"①。当前全球化依然受资本主义生产方式的主导，因而身处全球化的当代中国也不可避免地受到了资本主义生产方式所带来的生态冲击。例如，受惠于全球化，当代中国产生了许多跨国公司，后者在给中国带来利润的同时也不可避免地导致了各种生态危害。面对这种全球化中资本主义生产方式的生态冲击，如何有效回应是当代中国面对的生态难题。

以上论述显示，全球化中资本主义生产方式的全球扩张给包括中国在内的发展中国家造成了文化冲击、政治冲击、经济冲击、生态冲击。对于主权国家在全球化中的持续发展而言，如何有效回应这四种冲击是包括中国在内的发展中国家面对的共同难题。

4.2.2　空间规划中的空间剥夺与空间失衡

4.2.2.1　空间剥夺：空间权益的不公平分配

剥夺是一个具有社会批判性的概念，是"用来描述资源分配阶级或阶层间不公正的概念，也是解释城市贫困或弱势群体问题的一个重

---

① 约翰·福斯特：生态危机与资本主义［M］，耿建新、宋兴无译，上海：上海译文出版社，2006：127.

要概念"①。剥夺的对象既可以是物质性要素如土地、住房，也可是非物质性要素如教育资源、文化资源，还可以是关涉个人生存和发展的机遇。从类型看，剥夺有相对剥夺与绝对剥夺之分，其中前者指"处于不利社会地位的人与处于有利社会地位的人相比较而产生的一种失落感"，后者指"失去或者缺乏满足最基本生存需求的某种或某些资源"，如食物、衣服、住房的丧失或缺乏等②。从剥夺的方式看，剥夺可分为有偿剥夺与无偿剥夺。从马克思主义视角看，剥夺既是资本主义生产方式的一个重要特征，也是现代国家权利行使的重要维度。当代西方国家的剥夺现象仍然存在，例如新自由主义政策中的土地等公共资源的私有化。在哈维看来，这种私有化就是现代版的原始积累即剥夺性积累，其目的在于"以极低的价格（在某些时候甚至完全免费）释放一系列资产（其中包括劳动力）"③，从而化解资本的过度积累问题。此外，从执行过程与结果层面看，剥夺性积累的受益方是资本及其代言人，剥夺性积累的受害方是社会弱势群体。

当剥夺性积累的对象涉及空间时，那么它便会造成空间剥夺。所谓空间剥夺，指空间权益以及相关的空间衍生权益在剥夺方与被剥夺方之间的分配不公现象。从剥夺类型看，当代中国空间剥夺有相对空间剥夺与绝对空间剥夺之分。其中，绝对空间剥夺指公民基本空间资源的丧失或缺乏，如强拆公民私人住房而导致的住房丧失或住房恶

① 林顺利、张岭泉：社会政策的空间之维——以城市贫困的空间剥夺为例 [J]，河北大学学报（哲学社会科学版），2010（4）：63-68.

② 王兴中、王立、谢利娟：国外对空间剥夺及其城市社会资源剥夺水平研究的现状与趋势 [J]，人文地理，2008（6）：7-12.

③ 哈维：新帝国主义 [M]，初立忠、沈晓雷译，北京：社会科学文献出版社，2009：121.

化；相对空间剥夺指的是公民在生活条件、发展机会以及工作条件等层面上进行比较而产生的失落感，即一种空间幸福感的落差。例如在富人区与贫民区之间，后者就处于空间相对剥夺的地位。

从空间剥夺的剥夺对象看，当代中国的空间剥夺主要包括：物质性空间的剥夺与非物质性空间的剥夺。

一方面，空间剥夺表现为对物质性空间及其相关权益的剥夺。与哈维所强调的土地所有权私有化不同，当代中国的土地并非所有权的私有化而是使用权的市场化。而在土地使用权市场化（以下简称土地市场化）的过程中，附着于土地之上的原有空间产品（主要是住房）必然要被拆除。在这种拆除过程中，有的空间产品所有者会因为这次拆除而进入百万富翁或千万富翁的暴富行列。这种因拆迁而暴富的事件在发达城市及其周边城乡接合部屡见不鲜。然而，并非所有拆迁都会导致暴富，相反，有的拆迁事件会导致空间产品所有者自焚或行凶的人间惨剧。这种导致人间惨剧的空间拆迁行为强烈地凸显了当代中国的空间剥夺。这种物质性空间剥夺主要是以低价拆除空间产品、再以高价转让土地，从而造成空间权益在剥夺方与被剥夺方之间的分配不公现象。例如，在土地市场化行为所涉及的房屋拆迁中，政府有时会以相对低的价格征收附着于该土地上的居民房屋，尔后再将腾出来的土地使用权以拍卖会形式高价出售给开发商，其结果就是：政府赚了由差价带来的大量利润，开发商由于支付高额土地转让金而不得不开发劣质商品房或者高价商品房，而损失房屋的居民要么买到的是劣质商品房，要么难以用低价补偿金购买到新的高价商品房。从正义视角看，空间剥夺行为不仅出现了有悖实质正义的问题，如结果层面的权益分配不公；而且出现了有悖程序正义的问题，如剥夺行为由剥夺方主导，被剥夺方只有接受拆迁补偿的义务而没有决定是否拆迁的权利。总体而言，物质性空间剥夺是一种非正义的行为，它的目的在于：以牺牲弱势群体的空间权益为代价，实现政府的政绩指标、财政创收与企业的利润增殖。

另一方面，空间剥夺表现为对人们非物质性空间需求的剥夺。正如土地市场化导致了物质性空间剥夺，土地市场化同样导致了非物质性空间剥夺。西方社会空间批判理论显示：土地、住房等空间市场化必然导致空间分异。当代中国实行社会主义市场经济制度，其中就包括土地的市场化，正是土地市场化导致了当代中国的空间分异。所谓空间分异，指住宅、产业、教育、医疗、福利等各种社会资源在空间与空间之间的分层或区隔。例如，住宅的空间分异表现为高档区与贫民区之别，产业的空间分异表现为核心地带与边缘地带之别等。这种空间分异通常导致弱势空间下居民的非物质性空间剥夺，可分为机遇空间剥夺与情感空间剥夺[①]。所谓机遇空间剥夺，指弱势空间下居民个人发展机遇程度的降低。在当代中国，个人发展自身的最好途径莫过于接受教育，但弱势空间下的居民难以取得合理的教育资源，从而一定程度上弱化了他们及其子女的发展机遇。例如，在当代中国城市农民工所定居的地区，一方面由于该地区的教育资源非常有限，另一方面有限的经济支付能力使他们不能把子女送向具有丰富教育资源的地区上学，最终导致孩子输在教育的起跑线上，从而一定程度上影响了这些孩子的未来发展机遇。所谓情感空间剥夺，指弱势空间下居民的空间情感创伤，这种情感创伤主要表现为对在场空间的冷漠与对非在

---

① 情感空间剥夺、机遇空间剥夺得益于汪丽、李九全的相关论述。参阅汪丽、李九全：西安城中村改造中流动人口的空间剥夺——基于网络文本的分析 [J]，地域研究与开发，2014（4）：148–152.

场空间的思念。例如，在城市定居的农民工，一方面对他们所生活、定居的城市空间怀有一种"非我空间而应远离"的冷漠态度，这种冷漠突出地表现在他们对城市空间维权活动的疏离以及城市空间权利意识的匮乏；另一方面，这些农民工虽然心里想念故乡但却不愿回归家乡。结果就是一种悖论：他们对物理上所切近的城市空间采取了精神疏离的态度，而对物理上所远离的乡村空间与乡村生活却采取了精神切近的态度。

空间剥夺造成了不可忽视的社会危害。一方面，绝对空间剥夺使人们基本的空间居住权利遭到了剥夺，这不仅直接降低了人们的生活质量与幸福指数，而且无疑违背了当代中国倡导的"居者有其屋"的发展目标。另一方面，相对空间剥夺通过限制弱势空间内公民的发展机遇，实际上固化了他们的贫穷生活状况，并导致贫困的代际传递。

4.2.2.2　空间失衡：不平衡的空间发展

当代中国的空间发展旨归是追求共享式的空间发展。然而，在现实生活中，当代中国却出现了诸多不可忽视的空间不平衡发展即空间失衡的现象。空间失衡是空间差异发展到一定程度造成的社会不公现象。当代中国既不追求空间的均等化，也不否定空间的差异化，而是追求将空间差异控制在合理尺度之内的差异型空间正义。一旦这种空间差异超过合理尺度，那么它就会演变为空间失衡。当代中国的空间失衡表现为空间的发展状况失衡、空间发展的数质失衡、空间的供需失衡。

首先，空间的发展状况失衡指空间之间的发展程度失衡，包括城市之间的失衡、城市内部各区域之间的失衡、城乡失衡。其中，以城乡失衡尤为突出。城乡失衡包括三个层面。其一，城乡失衡包括网络基础设施、道路设施、卫生基础设施、教育基础设施等各种物质性空间基础设施的不平衡发展。例如，就道路设施而言，当城市面临道路频繁改造或交通拥堵时，乡村却面临道路的泥泞不堪而难以通车的窘境，有时甚至是面临险路、危路、天路等通行困境。其二，城乡失衡包括政府制度的失衡。政府制度失衡是指，政府界分城市与乡村的本意是便于人口管理，然而由于政府将社会资源的分配与城乡之间的区级界分挂钩，从而导致了社会资源在城乡之间的非平衡性流动。其三，城乡失衡包括企业投资倾向的失衡。企业投资倾向失衡是指，由于受企业监管差异、地方发展理念差异等因素的影响，流向乡村与流向城市的企业是不平衡的。例如，具有污染性的生产性企业倾向于向乡村地带集中，而服务型、金融型等非生产型企业则倾向于向城市地带集中。城乡失衡使人们在价值观上认为城市好于乡村，其典型表现是乡村建一栋房远不如城市买一栋房（就婚房而言，人们之所以考虑城市婚房而非乡村婚房，背后的原因就是他们认为城市好于乡村）。

其次，空间发展的数质失衡指空间发展在数量与质量之间的失衡，实质上是当代中国效率与公平的关系问题在空间生产领域中的表现。一方面，在社会主义市场经济体制下，空间已经作为一种生产要素进入到当代中国的市场要素分配格局中，这使得当代中国空间生产在总量上取得了举世瞩目的成就，例如住房建设的狂飙突进与各种交通道路建设的蓬勃兴起就是显著例证。质言之，空间市场化提升了当代中国空间发展的效率，极大地增加了空间产品的总量，从而使当代中国加速向空间社会转型。然而另一方面，空间市场化也出现了不少低质量的空间糟粕。在当代中国，由于空间发展主体盲目追求空间的经济价值和发展效率，因而导致不少低质量、高隐患的空间产品。从涉及范围看，劣质化的空间产品不仅表现在住房层面（如楼脆脆、纸片房），而且表现在道路层面（如桥脆脆）、堤坝层面（如九江大堤）等。从社会影响看，劣质化的空间产品不仅影响人们日常生活的通行安全，而且严重危害人民的生命安全。如果空间糟粕得不到有效及时的治理，那么当代中国即使能走上一条高速的空间发展道路，但却未必能走上一条高质量的空间发展道路。

最后，空间的供需失衡指空间供给结构与空间需求结构之间的失衡，具有三种表现形式。其一，空间供需失衡表现为建设用地的失衡。空间要素的市场化配置追求空间的交换价值而非空间的使用价值，其结果就是：一方面，那些能带来利润的空间建设用地陷入了过度开发的境地，另一方面，那些能满足公共需求的空间建设用地陷入了弱势开发的境地。例如，在 1997—2005 年的新增建设用地中，那些能带来更多利润的"工矿用地比例占到 40%，部分地区高达 60%"，而"改善城镇居民生活条件的居住、休闲等用地供应相对不足"[①]。其二，建设用地的失衡导致城市空间产品类型的建设失衡。例如，当代中国城市就面临着住房供给结构的失衡，即俗称的商品房与保障房供给之间的失衡。自 1994 年实现住房市场化以来，当代中国房地产市场的住房建设倾向于开发有利可图的商品房而非建设那些利润偏少的保障房，从而一度导致商品房开发过度与保障房建设停滞的境地（参见下表 1[②]）。对于城市弱势群体而言，尤其是对于那些入城参加城市底层劳作的农民工而言，这种失衡无疑会导致他们的住房困境。其

---

① 国务院关于印发全国土地利用总体规划纲要（2006—2020 年）的通知 [J]，国土资源通讯，2008（20）：4-18.

② 王盛、旷丽军：保障房市场与商品房市场关系研究 [J]，科学发展，2013（12）：76-84. 引用表格有改动。

三，城市空间产品类型的建设失衡导致城市空间供给与居民空间消费需求之间的失衡。例如，当代中国城市就面临着市场住房供给与居民住房消费需求之间的失衡。这种失衡既表现为过度商品房的开发与有限的住房需求之间的失衡，从而造成住房的绝对过剩即"有房无人"的空房现象，如鄂尔多斯、营口、常州等地区出现的鬼城、空城现象。此外，这种失衡还表现为商品房价格高于居民的住房消费能力，其结果是"购买房屋"意味着"成为房奴"。质言之，这种失衡往往导致住房高空置率与住房高度困境化之间的并存，可称之为"有人无房可住"与"有房宁空无人"的悖论现象。

表4-1 我国住房供给体系发展的五个阶段

1995—1997 年	1998—2001 年	2002—2006 年	2007—2009 年	2010 至今
①集资建房 ②安居工程（经适房的前身）	①经适房为主，并快速发展 ②廉租房为辅	①经适房为主，但投资增长缓慢 ②廉租房基本停滞	①廉租房受到重视 ②棚改房 ③经适房	①公租房 ②经适房 ③廉租房 ④限价商品房 ⑤公有住房 ⑥棚改房

从后果看，空间失衡会造成空间的"三不足"现象：空间发展失衡造成空间成果共享度的不足、空间数质失衡导致安全性空间建设的不足、空间供需失衡导致保障性空间建设的不足。

4.2.3 城市化中的城市病

当代中国城市面临着世界城市发展史的通病即城市病。所谓城市病是指，在城市发展的特定阶段，因城市化的进展和经济、社会、生态、政治、文化之间的不协调所导致的对城市整体发展和城市生活质量的负面效应①。城市病主要表现在经济、生态、社会、政治、文化五个层面。

　　城市的经济病指城市发展过程中的经济状况恶化现象，如产业结构不平衡、就业率低迷等。就城市产业政策而言，当代中国的城市经济病集中体现为城市房地产市场的非理性发展。房地产市场兴起于1994 年的城镇住房制度改革，这场改革明确提出要"建立与社会主义市场经济体制相适应的新的城镇住房制度，实现住房商品化、社会化"②。截至 2000 年，中国住房制度已经基本上完成了从住房实物分配制度向住房商品化制度的转变。从结果来看，住房市场化不仅促进了诸多省市的经济发展，而且成为地方政府进行财政创收的重要来源。但是，房地产市场在发展中也出现了诸多负面问题，如房价过高、地王频出、土地寻租、空城、鬼城等。就此而言，当代中国房地产市场实则陷入了一个虚假的繁荣盛景，在其下面有着三种典型的非理性特征："投资环境的恶化"（如房地产逼走实体经济），"住房供应结构并未明显改善，高档品种严重供大于求""房地产市场秩序混乱不堪"③。

　　城市的生态病指城市发展过程中的生态恶化现象。由于受粗放式发展、唯 GDP 主义等因素的影响，当代中国部分城市实际上是走了一条先污染后治理的发展道路。城市生态污染具有多面性，包括大气

---

① 参阅向春玲：中国城镇化进程中的"城市病"及其治理［J］，新疆师范大学学报（哲学社会科学版），2014（2）：45–53.

② 国务院关于深化城镇住房制度改革的决定［J］，中国房地产，1994（10）：4–6，30.

③ 韩芳娟、唐根年：中国房地产市场非理性运行特征及其风险比较研究——以35 个典型城市为例［J］，现代经济（现代物业下半月刊），2009（10）：10–12，71.

污染、生活垃圾污染、电磁波辐射污染和水污染等。以水污染为例，据调查，"我国 118 个大中城市中，有 115 个城市地下水受到污染，其中重度污染约占 40%。水污染降低了水体的使用功能，引发了多种疾病，加剧了水资源短缺"[①]。再如，以大气污染为例，据调查，在北京、上海、广州三地的大气污染通常会增加当地居民的肺癌发病率和死亡率，其中"NO2 和 PM2.5 对北京市居民肺癌发病和死亡的影响最大，降尘与 PM2.5 对上海市居民肺癌发病和死亡的影响最大，降尘和 NO2 对广州市居民肺癌发病和死亡的影响最大"[②]。

城市的社会病指城市发展过程中的社会状况恶化现象。社会病表现在交通拥堵、公共空间争议事件频发、上学难等具有公共性的社会领域中。其中，就交通拥堵而言，它已成为大中型城市的通病，例如，首都北京就因为交通拥堵而被戏称为"首堵"。就公共空间争议而言，它已构成新型病症，例如近些年国内兴起的碰瓷事件以及广场舞纠纷事件。就上学难而言，它是教育资源失衡所引起的，它一方面指居住在城市但却没有取得城市户口的农民工子女所面对的难题；另一方面，它也指具有城市户口但是却居于城市弱势地区的子女所面对的上学难。

城市的政治病指不利于城市发展的统治型管理方式。在城市朝什么方向发展、采取什么方式发展的层面上，尽管有公民听证会或有民间相关规划学专业学者的参与，但是，当代中国的城市规划很大程度

---

① 裴军：城市环境污染的现状、原因及对策建议 [J]，中国科技论坛，2009（2）：98–102.

② 张晓、杨琼英、林国桢等：大气污染与居民肺癌发病及死亡灰色关联分析 [J]，中国公共卫生，2014（2）：165–170.

上还是取决于城市政府。质言之，在决定城市发展趋势的决策方面，市场与公民总体上仍然处于服从者的地位，尚未与政府一道构成为推动城市发展的参与者角色，即尚未实现一个具有公众参与度高的治理型城市规划。此外，城市政府的统治模式已经滋生了不可忽视的权利垄断、权力寻租、权钱联合等负面问题，成为城市权力腐败的温床。

城市的文化病指城市发展过程中的城市文化衰败现象。这种文化衰败，一方面表现为城市景观发展的同质化，将城市现代化狭隘化为物质景观的建设，如宽广的马路广场、林立的高楼大厦、华丽的公园喷泉等。这种发展模式导致各个城市之间的千城一面，使城市之间缺乏个性。另一方面，城市文化衰败表现在城市传统文化空间的消亡。传统文化空间具有丰富的历史价值与纪念价值，然而在空间改造的浪潮中，这些文化空间的历史价值都难以比肩商业空间的经济价值。一旦这些文化历史空间有悖于商业空间的建设，那么前者极有可能遭受消亡的命运。例如，在城市改造中，各种历史文化空间就为商业空间让道而面临着消亡的困境，如北京梁思成、林徽因故居的拆毁、杭州茅以升故居的拆毁以及泉州施琅故居的拆毁等。

城市病实质上是地方发展中出现的地方病。本节之所以着力分析城市病，其缘由就在于城市病的爆发比较全面、突出，分析城市病的各个表现形式其实也可以用于对其他空间规划的病症分析。当代中国已经进入到空间规划的时代，各种各样的空间规划开始盛行，如城镇规划、城市群规划、乡村规划、景区规划等，而这些形态各异的空间规划都存在着上述病症中的一项或多项。例如，景区建设中不乏城市生态病所囊括的垃圾污染。再如，当前乡村建设中出现了不少值得警惕的病症。其一，乡村规划缺少民众参与，即存在着政治病。其二，乡村中存在着严峻的生态病，其中比较突出的一类是癌症村。癌症村是指，特定乡村中有一定数量的村民罹患同一种癌症或某种癌症的发病率骤增。这类癌症村有江苏省洋桥村、陕西省龙岭村、广东省上坝村、河南省黄孟营村、重庆市飞龙村、山东省肖家店村、安徽省杨庄乡等乡村，据估计，其数量约达 450 多个，且有往中西部扩散的趋势①。其三，在新农村建设中，人们大都注重道路建设、房屋修整或土地市场化，而甚少注意文化类空间建筑（如乡村图书馆）的建构，即存在着文化病。这种文化病有时严重到致使"乡村现代化"直接蜕变为"乡村消失化"。据普查数据显示："在进入二十一世纪（2000 年）时，我国自然村总数为 363 万个，到了 2010 年，仅仅过去 10 年，总数锐减为 271 万个。十年内减少 90 万个自然村"②；而截至 2011 年，该数据又减到 230 万个，其中"依旧保存与自然相融合的村落规划、代表性民居、经典建筑、民俗和非物质遗产的古村落，现在还剩两三千个，而在 2005 年时，这个数据还是 5000 个"③。

总体而言，城市病并不是终止城市发展的"停滞病"④，因而不能因为城市病而否定城市化的发展方向，而要坚持在城市发展中解决城市病。由于城市是当代中国空间社会发展程度的重要标示，城市文明是当代中国社会主义文明的集中体现，城市发展方式亦构成为当代

---

① 百度百科"癌症村"词条：http://baike.so.com/doc/5414903-5653045.html#refff_5414903-5653045-2

② 冯骥才：传统村落的困境与出路——兼谈传统村落是另一种文化遗产［J］，传统村落，2013（1）：7-12.

③ 王晶晶：冯骥才：城市文化悲剧正向农村转移［N］，中国青年报，2011-03-11，11 版.

④ 周加来："城市病"的界定、规律与防治［J］，中国城市经济，2004（2）：30-33.

中国空间规划的典型样板，因而及时有效地治理城市病，对于当代中国城镇化走向健康、合理、可持续的发展道路显得尤为迫切、尤为重要，对于其他形态的空间建设亦有借鉴作用。

4.3　当代中国空间正义的寻求

上节着重阐述了当代中国空间发展中的阵痛，本节主要探讨当代中国寻求公正型空间社会的可能路径。如何设想公正型空间社会的寻求路径，这是一个个性化的问题，因而其答案也将充满个性。因为空间阵痛具有多种症因，如生产力的落后、制度的滞后、资本的逐利性、公民自治的不足等，因而处理空间危机就相应地具有多种途径。例如，就生产力而言，人们可以通过发明新技术研制新的清洁能源，从而解决特定的生态病，如生产清洁能源以解决汽车尾气污染问题。本书主要描述下述三种当代中国寻求空间正义的可能性路径：其一，从单赢全球空间生产转向共赢全球空间生产；其二，从效率导向型空间生产转向公平导向型空间生产；其三，从统治型空间规划转向治理型空间规划。

4.3.1　从单赢全球空间生产转向共赢全球空间生产

如上文所述，当代全球化受资本主义生产方式主导，因而在这种全球化中呈现的全球空间生产必然服务于资本逻辑。在这种全球空间生产中，利润主要流向资本家、资产阶级、资本主义国家等资本主义生产过程中的强势方。质言之，由资本主义生产方式所主导的全球空间生产造成了利润非均沾的结果以及财富分配的全球极化。由此，我们可称资本逻辑引领的全球空间生产为单赢全球空间生产。毫无疑问，这种单赢全球空间生产严重侵损了发展中国家的利益，这其中就包括当代中国的利益。由此，为了全球化的持续发展，资本逻辑主导的单赢全球空间生产必须得到有效转变。为实现这种转变，本书认为，包括中国在内的发展中国家需要达成以下几点理念认识。

首先，为了有效转变这种单赢全球空间生产，包括中国在内的发展中国家需要科学认识资本主义生产方式与全球化之间的关系。从近现代的全球化历史看，全球化产生于资本主义生产方式的全球性扩张。从这种事实出发，人们只能推论：资本主义生产方式加速了全球化的出现。但人们并不能由此推论：资本主义生产方式与全球化之间存在着因果关系，即人们不能推论资本主义生产方式是全球化的因，而全球化是资本主义生产方式的果。之所以人们只能作前一种推论，而不能作后一种推论，其缘由在于：全球化是人类生产活动必然要达到的一种交往方式，而资本主义生产方式只是加速了全球化的到来。这正如同种子（类比人类物质生产活动）、发芽（类比全球化）以及人工浇水施肥（类比资本主义生产方式）三者间的关系：种子之所以发芽，根本原因在于种子具有发芽的本性，而人工浇水、施肥只是起着加速种子发挥这种本性的作用。由于资本主义生产方式与全球化之间不存在着因果关系，人们可以作如下三条推论：其一，反对资本主义生产方式，不意味着反对全球化；其二，接受全球化，不意味着必须接受资本主义生产方式的主导；其三，弱化资本主义在国际上的地位并不一定降低全球化的程度、广度、深度。就此而言，发展中国家扭转单赢空间生产的关键在于建构一条新的全球化发展道路，以有效抗衡目前国际上占主导地位的资本主义生产道路。

其次，包括中国在内的发展中国家需要构建一种共赢全球空间生产，从而替代单赢全球空间生产。共赢全球空间生产是实现利润均沾的全球空间生产，为此需要营造一种非资本主义生产方式主导的全球空间生产机制。就如何营造共赢全球空间生产而言，发展中国家应至少做到五个层面：其一，融入全球化，远离闭关锁国的政策；其二，通过立法节制资本主义生产方式，不能无条件地允许资本逻辑触角的广泛渗透；其三，探索和鼓励不同于资本主义生产方式的生产方式，逐渐消除资本主义生产方式的主导权；其四，培育与资本主义生产方式所衍生的价值观、法律体系、政治体制、发展理念等相抗衡的价值观、法律体系、政治体制、发展理念等；其五，树立文化自信、制度自信、理论自信、道路自信，祛除文化自卑、制度自卑、理论自卑、道路自卑。例如，当代中国为了在全球化中有效抗衡资本主义生产方式，一方面在坚持社会主义公有制的前提下实现改革开放，另一方面在坚持公有制经济占主体地位的前提下实现社会主义市场经济。此外，由于资本主义生产方式在当代全球化中仍处于强势地位，而去除这种强势地位必须历经一段长期的历史进程，因而共赢全球空间生产的营造亦是一段长期的历史过程。

最后，包括中国在内的发展中国家在营造共赢全球空间生产的过程中需要坚持走出去的反抗战略，即把反抗资本主义生产方式的战场扩大至国外。这实际上可以理解为：各个发展中国家——甚至包括发达资本主义国家——联合起来共同抗衡由资本逻辑主导的单赢全球空间生产。从外因上看，资本逻辑主导的单赢全球空间生产已严重侵损了发展中国家的发展权，从而后者容易认识到实现这种联合的必要性；进一步的困难在于，为了实现这种联合，联合的国家之间须尊重彼此的主权、发展权、受益权等，并坚持一套可持续的发展理念。就

此而言，当代中国倡导的科学发展观、五大发展理念以及人类命运共
同体思想等均可视为构建这种联合的有益尝试。实际上，当代中国推
行的"一带一路"正在践行科学发展观、五大发展理念以及人类命运
共同体等此类思想。我们认为，面对当代全球化的新挑战新机遇，当
代中国所倡导的新理念新思想新战略必将营造一种迥异于单赢全球空
间生产的新的共赢全球空间生产，从而有利于开启新的全球化方向。
对于当代中国而言，在参与全球空间生产的过程中实现这种联合，无
疑有助于彰显社会主义空间生产的优越性，有助于巩固中国特色社会
主义发展道路的道路自信。

4.3.2 从效率导向型空间生产转向公平导向型空间生产

改革开放以来，当代中国的经济运行模式逐渐从计划体制为主转
向以市场体制为主。伴随社会主义市场经济体制的展开，当代中国出
现了不可忽视的效率导向型空间生产。所谓效率导向型空间生产，是
指特定主体在面对自身利益与社会利益的优先性选择时优先考虑自身
利益的空间生产行为，表现为以市场化的高需求、高利润为导向。在
当代中国，这种效率导向型空间生产主要体现在资本主导的空间生产
中，同时部分存在于政府主导的社会主义空间生产中。就资本主导的
空间生产而言，其必然追求空间的商品化、市场化、资本化，从而获
取最大化的剩余价值，因而，其效率导向性是显而易见的。对于政府
主导的社会主义空间生产而言，由于政府是社会主义性质的政府，因
而宣称其出现效率导向性需要经受尤为仔细的分析。这种分析不能从
社会主义的应然要求出发，应注意区分社会主义政府应该采取的空间
生产行为与社会主义政府当前正在采取的空间生产行为。

从当代社会现实看，当代中国社会主义市场经济的兴起以及考量官员政绩、升迁之标准的经济主义倾向等使社会主义性质的政府出现了"政府经济人"的角色转型。根据布坎南的观点，所谓政府经济人，是指"作为行政公共决策权的政治领袖和政治官员并不是'经济阉人'，他们抑或支持那些给自身带来最大利益的政策方案，抑或在追求升官、高薪的工作及各种附加的福利等，因而，在政治市场上，政府机构、政府官员都是经济人"①。政府经济人兼具理性与非理性以及利他与利己的双重性质。由于现实生活中的利他与利己有时难以兼得，因而政府自身在作出特定决策时常常面临着利益优先性难题，即政府利益优先还是社会利益优先的难题。由于当代中国政府是社会主义性质的政府，因而政府理应选择利他性的执政理念。然而，在中国现实的政治生态中，部分地方政府与政府官员并未处处落实这种理念，相反，他们倾向优先选择自身利益，其结果就造成了政府的公共悖论难题，即"履行公共管理智能和提供公共服务的公共部门的实践与理论和公众对其期望之间的差距"②。

就空间生产而言，政府经济人若优先考虑利己性，就会造成效率导向性的空间生产。这种生产具有两种突出类型。其一为政府控制的国有企业的效率导向性空间生产，主要表现为国有企业建设的市场化导向。以国有企业控制的高铁建设为例，高铁建设遵循投入－产出的市场化导向，一般建立于具有市场需求高、回报率高的经济发达地区，其结果就是造成高铁当下的"东密西疏"布局。其他类型的道

---

① 曹立村：论基于新经济人假设的政府经济人理性的回归［J］，求索，2008（3）：31–33.

② 周志忍：公共悖论及其理论阐释［J］，政治学研究，1999（2）：9–15.

路（如高速公路等）建设亦然。由于道路对地方经济的发展具有重要的意义（如高铁经济），其严重后果就是导致落后地方的发展窘境：落后地方由于交通落后，企业不愿迁往，从而制约地方经济发展；而企业不足所引起的低市场需求，又反过来抑制了道路建设的意愿。其二为政府控制的空间资源的效率导向性空间生产，主要表现为土地出让的市场化导向。自1992年住房市场化改革以来，土地出让随之而生，同时逐渐成为地方政府财政创收的主要渠道。为了增加地方政府的收入与经济GDP，政府将有限的土地资源以不平衡的形式出让，其中，地方政府倾向于将土地出让给利润更高的工商业工地。从后果上看，不平衡的土地出让的市场化导向导致了多种苦果，如官商勾结、土地浪费、土地投机、房地产过热、公民生活幸福指数的下降。

如上所述，当代中国的政府与资本一定程度上均存在着效率导向性的空间生产。这种效率导向型空间生产造成了空间生态病、空间失衡等诸般空间阵痛。为了有效遏制这种阵痛及其扩散，政府与资本有必要回归公平导向型的空间生产。所谓公平导向型空间生产，是指主体在面对自身利益与社会利益的优选性选择时优先选择利于社会利益的空间生产。就此而言，公平导向型空间生产需要政府与资本兼顾自身利益与社会利益，而且在面对二者冲突时，需要优先选择社会利益。

一方面，就政府视角而言，政府充当了当代中国空间生产的主导性角色。这种主导性角色主要表现在三个层面。其一，政府控制着国有企业的生产，而国有企业实际上构成了当代中国空间生产的主要组织。国有企业在哪里落户、投资，相应地，就在那里生产特定空间，其结果就将为本地带来新的空间关系并更新其空间生活。其二，政府控制着土地，因而直接控制了当代中国的土地规划权，并间接规定着土地附着物的建筑类型。在特定土地上生产什么类型的建筑，显然会影响着当地的空间关系与空间生活。其三，政府是立法主体，立法规定着制度的建设与实施，而制度建设与空间之间存在千丝万缕的联系。制度是否塑造了一种生产主体、物质资源以及非物质资源等在空间之间的平衡流向机制，将直接影响着特定空间的生产关系以及居民的生活水平与幸福感等。政府应承担推动公平导向型空间生产的主要责任。就此而言，政府需要将其主导的空间建设以及空间资源的生产要素化优先投入那些能增加公共服务价值的领域。其显著例证是：2007 年以来城市政府将国有土地更多地批给保障房建设而非商品房建设。

　　为了更好地促进公平导向型空间生产，政府需要更新政绩考量标准。此外，政府也需要完善相关配套制度与政策（如完善土地审批制度、财税制度、中央政府与地方政府之间的财政关系等）。从政府角度入手，"通过深化制度建设和体制改革，逐步建立起以公正为价值取向的制度和政策体系并使之得到切实的贯彻执行，是维护和实现空间正义的根本保证"①。例如，就城乡二元制度而言，它本身就是不合理的，不管如何实现制度上的缝缝补补（例如，城市反哺农村），都不可能实现城乡层面的空间正义。城乡二元制度是以牺牲乡村利益为代价、实现城市利益的不公正制度，它制造了社会资源在乡村与城市之间的不公正流动，从而实现了城市化的原始积累。此外，从制度的制定意图看，城乡规划制度想走一条"乡村先供养城市，城市后反哺农村"的路子，但实践却揭示出：前半条路取得巨大成就，后半条路

---

① 王志刚：社会主义空间正义论［M］，北京：人民出版社，2015：270.

步履维艰。而之所以后半条路会步履维艰，是因为一方面已经发展起来的城市必然会有扩大化的需求，导致对乡村的进一步榨取，例如城市污染型企业的乡村化转移；另一方面，城市再怎么反哺农村，必然要以巩固和维持城市自身的发展为前提。由于城乡二元制度的不合理性，因而当代中国废除城乡二元制度无疑是合理的，下一步的任务是修复城乡关系，其关键在于建构一个制度公平的城乡关系。

另一方面，就资本视角而言，由于社会主义市场经济中资本向各行业的广泛渗透，其在空间生产所造成的非正义性已日益凸显，如上文提及的癌症村以及乡村消失化现象。由于资本主导的空间生产具有本性上的非正义性，因而其本身并不会追求公平的空间生产。为促进其转向公平导向型空间生产，有必要创立一个监管资本运行的外部机制。在依法治国下，这种监管机制的最重要监管主体莫过于具有立法权与执法权的政府主体。质言之，由于资本具有天然的私利性与非正义性，因而掌握立法权与执法权的政府必须自觉肩负起监管资本运行的责任与义务。政府监管需要摆脱两种偏见：一种是政府失灵或政府集权带来的窄化政府职能的偏见，一种是资本主义经济活跃性带来的扩大资本职能的偏见，即"小政府、大资本"的偏见。社会主义性质的政府虽不是全能型保姆，但也不是只提供安全与责任的消极守夜人，而是一个追求社会公平型的责任型政府。为此，社会主义国家的政府不能满足于通过法律、制度规避资本主义空间生产的危害性，还应通过政策调控自觉肩负起导引资本从事公共服务的建设。例如，部分地方政府已经通过政策导引鼓励房产商参与保障房建设，以及鼓励资本下乡、促进乡村现代化等，这些可视为政府导引资本主义空间生产从事公共服务的体现。此外，除政府加强自身对资本主义空间生产的监管外，还应发动劳动者与社会各级组织对其的监管。创立一个政府、劳动者与社会组织的立体监管体系，无疑有助于矫正资本主义空间生产中的效率导向型，并有望促使其趋于公平导向型。

4.3.3 从统治型空间规划转向治理型空间规划

"1989 年世界银行在概括当时的非洲情形时，首次使用了'治理危机'一词，此后'治理'便广泛地被用于政治发展研究中，特别是被用来描述后殖民地和发展中国家的状况"[1]。就此而言，"治理"一词批判了传统的政府统治模式。现今，统治与治理的区分成为人们看待传统社会运转和现代社会运转的两种方式。传统社会的运转是基于政府的统治，这种统治基于统治者 – 被统治者的不平等关系，前者制定的纪律、规则和法律"都是为了便于自己管理和统治后者"，这样一来，"后者的权利和利益诉求不仅得不到尊重，而且总被当作一种异己的力量来对待，结果就是管理的成本越来越高，而效果和效率却日益恶化"[2]。现代社会运转基于治理，这种治理基于政府、公民、社会组织等在内的民主、平等的主体间关系[3]，强调各个主体之间的平等对话、协商合作、利益共享。由此，统治与治理有一个重大差别：统治只承认单一的政府权威，它的权利运行机制是上下级之间单一的"命令 – 服从"的关系；治理则承认包括政府权威在内的多元性民主社会，它的权利运行机制是多元性主体间互动的"民主 – 协商"关系。

---

① 俞可平：治理和善治引论［J］，马克思主义与现实，1999（5）：37–41.

② 马俊峰：马克思主义价值理论与当代中国价值观念转变［J］，高校马克思主义理论研究，2016（3）：20–25.

③ 俞可平：权利政治与公益政治［M］，北京：社会科学文献出版社，2005：143–144.

从治理视野看，1978 年之后的改革开放必定包含着从统治向治理的转变。正如俞可平所言，"纵观从 1978 年到 2008 年 30 年中国治理变革的轨迹，我们可以看到这样一条清晰的路线图：从一元治理到多元治理；从集权到分权；从人治到法治；从管制政府到服务政府；从党内民主到社会民主"①。这种转变实际上也契合了当代中国公民社会的展开。

从治理与空间规划的关系看，1968 年英国《城乡规划法》所确定的公众参与型城市规划制度标志着统治型空间规划向治理型空间规划的首次转变。统治型空间规划只顾及统治者及其相关者的空间权益，忽视被统治者的空间权益，从而阻碍了空间生产中形式正义与实质正义的实现。在统治型规划下，大众被安置在统治者所设计的空间中，不是大众安置空间，而是空间安置人，从而使得大众得以处于统治者的监控之下。例如，中国封建社会中紫禁城内蕴的厅房布局就成为体现儒家体制的空间机器，从而使人们顺从父权与君权的统治②。治理型空间规划将充分考虑各种主体之间的空间权益，从而能够实现空间生产中的形式正义。而通过各主体的民主 - 协商，治理型空间规划能实现空间权益在各主体之间的最佳分配，从而有望促进空间生产中实质正义的形成。

随着当代中国空间规划的兴起，当代中国也经历着从统治型空间规划向治理型空间规划的转变。但不可否认的是，部分地方政府仍停留在一种受统治思维指导的空间规划之中。例如，在新农村规划层

---

① 俞可平：中国治理变迁 30 年（1978-2008）[J]，吉林大学社会科学学报，2008（3）：5-17.

② 张羽佳：权利、空间知识型与乌托邦 [J]，探索与争鸣，2016（8）：84-88.

面，上级政府先是下达规划命令，尔后就是村组织服从命令、改造乡村。在这种服从命令－改造乡村的过程中，农村公民缺席于"规划"，只存在于"被改造"中。这是一种典型的"统治"方式，按照这种方式，政府、开发商与村民之间构成了信息与利益的非对称关系，这种非对称关系有时恶化为对立关系，从而使乡村规划失去了本有的乡村再造并沦为了政府、开发商掠夺村民利益的工具。只要这种统治模式持存，那么拆迁式悲剧就必然会一再重演。从村民角度看，由于乡村规划主体权的丧失，村民丢失了乡村空间的主体责任感与神圣感，最终村民自身也把乡村改造作为个人获利的砝码。处理这种危机必须转变乡村规划的"统治"方式，采取乡村规划的"治理"模式。这种"治理"型规划不是把村民当作规划的服从者，而是把村民、政府、开发商三者作为规划的协同参与者与整体设计者，实现全方位、多层面、宽领域的乡村规划格局，在为何规划、如何规划层面上切实体现出村民的声音。通过让村民参与乡村规划而不是单纯地服从乡村改造，通过将村民的利益扩大到乡村规划的整个行动过程而不是仅限于结果层面的拆迁补偿，通过将村民的利益嵌入到整个的乡村再造中而不是限于乡村改造的搬迁中，政府与开发商才能充分重视、维护和体现村民的权益，而村民也将恢复自身的乡村主体感与家园感，从而弱化单纯的物质利益争夺，最终利于降低拆迁式悲剧发生的概率。

从统治型空间规划向治理型空间规划的转变，并不意味着弱化地方政府的主导性地位，更不意味着政府在空间规划中的退场。在有些空间领域，不仅不应当弱化政府在空间治理中的作用，而且应强化这种作用。例如，面对网络空间中日益凸显的乱象如网上贩假、网络谣言等，政府均应加强网络立法，规范网络使用环境。总体而言，在当代中国所倡导的现代化国家治理视域下，提出治理型空间规划的初衷是在协商、民主的关系中更好地发挥政府的主导性功能。具体而言，治理型空间规划不是通过暴力的方式在利益裁决中体现政府的权威主导性功能，而是通过与民实现利益共享的方式体现政府的服务导向性功能。利益共享从利益上激励着各种主体自觉肩负起空间规划中的权利、责任与义务，如此一来，既可以将管理责任扩散至非政府主体从而降低政府的管理成本，又可以通过非政府主体的社会组织监管、公民监督从而提升社会管理的效果和效率。总之，统治型空间规划注重利益的非对称关系，由此频繁衍生对立关系，不利于政府的长期管理；而治理型空间规划更注重空间利益的共享关系，是一种体现现代公民社会治理理念的管理模式。

第 5 章　结论与展望

5.1　本书的基本结论

本书前述四章每章分别构成一个大类问题。其中，第 1 章是关于本书的背景问题，包括研究的意义与方法等问题；第 2 章研究如何梳理西方空间理论的演变问题；第 3 章研究社会空间理论的发展脉络问题，主要包括社会空间理论的研究轨迹、澄清有关社会空间转向的误解、概述社会空间理论所内具的批判性功能及其理论价值；第 4 章研究社会空间理论的中国化问题，即运用社会空间理论审视当代中国的空间问题。通过这四章的研究，本书得出了多种结论，其中需要特别指出的结论有如下四种：

5.1.1　空间演变史与实践之间的发生学关系

空间演变史是空间术语、空间理论与空间转向的变迁史。

首先，空间术语起源于人们的日常生活实践。例如，古时人们的方位经验塑造了最初的方位概念，这些方位概念的制定使人们能更有效率地组织日常生活。再如,当代社会中流行的两大空间术语"社会空间"与"赛博空间"皆分别起源于当代社会的两大实践"空间规划"与"虚拟技术"。

其次,随着思维的发展,人们开始逐渐系统化地看待社会生活的空间理论或空间观。空间理论与实践生活之间的联系日趋复杂、隐秘,以致有人会遗忘空间理论的实践起源,甚至误解、否认这种起源。这就要求研究者付出更细致的思维劳作,唯此才能发现空间理论与生活实践之间的隐秘联系。例如,通过康德直观空间的起源学追问,本书认为:17、18世纪资本主义生产方式兴起所导致的主体性思维方式塑造了康德的直观空间理论。

最后,既然实践塑造空间术语与空间理论,因而实践的变更必然会引起空间术语与空间理论的变迁即空间演变。空间演变并非单纯思想领域的活动,实际上,人们之所以建构一种新的空间理论,其根由在于两种境况:一种是原有的空间理论不能解释新的实践;另一种是新的实践塑造着新的思维方式,进而塑造相应的空间理论。换言之,正是新实践的出现,空间不能不发生某种程度上的转向。如当前比较突出的社会空间转向就是为了解释"空间规划"这种实践活动。需要指出的是,空间规划自古以来就有,但唯有当代社会自觉的、大规模的空间规划才能引起社会批判理论的空间转向;这一点正如前资本主义社会的商品交换不能引发政治经济学及其批判,只有资本主义社会的成熟商品交换才能引发政治经济学及其批判。

总之,通过以实践为原则,本书概括了空间术语、空间理论与空间演变这三者与实践之间的发生学关系。在这种研究中,本书自然存在有待完善的地方,例如需要更为具体地揭示海德格尔的存在论空间转向以及福柯的另类空间转向二者与实践生活之间的发生学关系。

5.1.2 社会空间理论发展的三个阶段

社会空间理论作为一种新兴的社会批判理论，它经历了开拓、激活、拓展这三个阶段。

首先，开拓性阶段表现在马克思恩格斯的社会空间理论研究。马克思恩格斯在社会空间理论上的开拓性表现在：通过用唯物史观分析空间、批判现实，他们形成了以生产为原则解释空间的认识理路，进而形成了以空间批判为旨趣的现实批判路径。用生产解释空间促使他们革新了传统的空间认识论，实现了空间认识论的哥白尼革命；而用空间批判现实生活又为社会批判提供了新的批判路径，从而开启了社会批判理论的新理路。但由于马克思恩格斯毕生力求避免为体系而体系的理论写作风格，因而这导致他们的空间思想过于分散，使他们未能以肯定式的命题作出有关社会空间的主张，其结果导致他们的社会空间思想一度沉睡在相关文本中。

其次，激活性阶段表现在列斐伏尔的社会空间理论研究。20 世纪以来的西方社会兴起了大规模的、产业化的空间规划浪潮，这促使列斐伏尔思考其与资本主义幸存的关系，同时使其探究了马克思恩格斯文本中的社会空间思想，从而激活了马克思恩格斯文本中沉睡已久的社会空间思想。总体而言，列斐伏尔对社会空间理论的激活表现在三个方面：激活了马克思恩格斯文本中的社会空间思想，从而提供了从空间维度解读马克思恩格斯文本、更新当代马克思主义批判效力的理路；激活了从空间维度解释与批判当代资本主义何以幸存的理路，开启了符合新的时代特征的资本主义批判学；建构了推动社会空间理论这门学科得以发展的基本概念与基本原则，为社会空间理论研究的深化打下了坚实的理论基础。

最后，拓展性阶段表现为哈维、苏贾、吉登斯、庄友刚、胡大平、王志刚等当代国内外学者的社会空间理论研究。所谓拓展，指的是做到社会空间批判理论与当代社会空间生产现实问题的统一：表现为以前者关照后者，以后者更新前者。例如，在城市问题方面，国内外研究者就注重文本考察与经验实证的结合，从而导致了马克思恩格斯城市理论研究与当代城市发展问题批判的协调推进，其结果就是推动了马克思主义城市批判理论的形成。由于当代社会存在着资本主义国家的空间生产与社会主义国家的空间生产，因而社会空间理论研究的拓展存在着两种方向：一种是关于资本主义国家空间生产的批判性理论；一种是关于社会主义国家空间生产的批判性理论。其中，哈维、苏贾等国外研究者重点拓展了前一种理论，庄友刚、胡大平、王志刚等国内研究者则重点拓展了后一种理论。在拓展性研究中，马克思恩格斯的社会空间理论与当代社会的空间批判均得到了一定程度的发展。就研究不足而言，国外社会空间理论主要表现在对马克思恩格斯的社会空间理论有着一定的误解，同时较少注重对社会主义国家空间生产的研究；国内社会空间理论的不足则主要表现在对当代中国空间问题的挖掘层面以及空间话语体系的建构层面。

5.1.3　社会空间理论研究的中国化

社会空间理论经常强调社会批判理论的空间化，国外马克思主义研究者则进一步强调马克思主义理论的空间化。这当然是具有现实针对性，因而具有现实意义与理论价值的口号。然而，如果我们细加思索的话，这些口号实际上倾向于指向资本主义国家的空间生产批判。这可以归之于社会空间批判理论的西方化。与此相反，本书认为，研究者尤其是当代中国研究社会空间的马克思主义者应当高度重视社会空间理论研究的中国化。

一方面，当代中国的空间生产属于社会主义社会的空间生产，在性质上不同于资本主义社会的空间生产，这就规定了社会空间理论研究中国化的现实性、时代性。在这种中国化的指向中，研究者应当重视分析当代中国的空间问题，自觉避免理论研究的西方中心主义倾向，不能简单地复制与移植某些西方特有的空间批判理论。例如，由于西方发达社会是一个以城市为中心的社会，因而大多数国外研究者注重从城市角度出发去思考社会空间批判理论，这实际上表现为西方社会空间理论研究特有的城市中心主义倾向。这种研究倾向明显不能适用于当代中国的城乡并存社会。虽然当代中国城市已成为经济发展的重要驱动力，虽然城市已成为代表当代中国空间文明发展程度的重要标杆，虽然城市已成为当代中国空间社会的重要场域，但仍不能因此将城市视为整个中国各种空间规划的样板，尤其是不能将乡村现代化简单地理解为城镇化的翻版。这不仅是因为当代中国城市发展现状的不成熟，更是因为城市不能代表人类社会空间文明的唯一发展方向。总之，当代中国需要且应该坚持城镇化，但不能因此导致城镇化中心主义的发展趋势，更不能导致大跃进式的城镇化，这就需要在理论上自觉避免城市中心主义研究的倾向，自觉赋予乡村空间批判学等它者空间批判理论在社会空间批判理论中以应有的地位。

另一方面，社会主义空间理论研究的中国化虽然要避免西方中心主义化倾向，但不能因此避免理论研究中的去西方化与去批判化这两种倾向。一方面，当代中国社会主义市场经济体制下存在着资本主义空间生产，这规定了研究者借鉴西方社会空间理论研究成果的必要性。例如，国外研究者所宣称的空间不平衡、空间剥夺、空间污染等在中国都普遍存在。我们不能认为资本主义空间生产身处社会主义社会内就会丧失其非正义生产的秉性。这进而警示人们：在把资本主义空间生产作为推动当代中国空间发展的重要工具时，必须否认资本主义空间生产有自觉服务公共空间利益的道德血液与理性血液。另一方面，马克思主义的重要理论特质是批判，由此，在用空间维度审视当代中国的空间发展现状时，研究者应当坚持以批判为导向的理论研究模式。现阶段，这种批判的目的是指出空间发展中的问题，从而有利于提出推动空间文明发展、寻求中国空间正义的应对性措施。就此而言，本书第 4 章便是有针对性实现对当代中国空间生产的批判，指出其面对的空间阵痛，在此基础上提出了当代中国寻求空间正义的可能性路径。

5.1.4　若干概念的基本规定

本书对社会空间理论的四种概念作出了基本规定。

首先是对社会空间概念的规定。本书认为，社会空间是"人们通过改造特定物质而形成的客观空间"。这种定义的关键在于坚持了本体论上的客观性，其理论益处在于：这种客观性是一种包含但不限于物质的客观性，能够避免单纯的物质本体论追问所带来的本体论争论。例如，按照本书给出的定义，社会空间不仅包括物质的物理层面的属性空间（如广延），还能包括物质的政治层面的权利空间（如城市、国家）、物质的衍生层面的虚拟空间（如赛博空间或网络空间）、物质之间的关系层面的关系空间（如城乡空间）。

其次是对当代中国空间生产概念的规定。本书认为，当代中国空间生产是社会主义市场经济条件下的空间生产，是承继人们自古以来寻求新生活之理想的当代展现，亦是对马克思共产主义运动设想的当代实践。从历史发展进程看，当代中国空间生产是介于纯资本主义空间生产与纯社会主义空间生产之间并趋向纯社会主义空间生产的空间生产类型。从成分看，当代中国空间生产包括社会主义空间生产、资本主义空间生产、公民个人的空间生产以及混合型的空间生产，其中社会主义空间生产居于主体地位。

再次是对社会主义空间生产概念的界定。当代中国的社会主义空间生产是优先追求社会公益性的空间生产。从程度上看，社会主义空间是当代中国空的主导性空间生产，是由国有企业、集体业或公有成分主导的混合型企业所控制的空间生产。质言之，社会主义空间生产是空间生产的主力军。探讨社会主义空间生产需要注意两点：其一，它是社会主义制度下的空间生产，要区别于资本主义制度下主导的国有企业控制的空间生产；其二，它是社会主义初级阶段下的空间生产，要区别于高级社会主义或共产主义主导下的空间生产。

最后是对资本主义空间生产概念的厘定。从定义看，资本主义空间生产是优先追求利润的空间生产。对于资本主义空间生产的认识，指出以下几点是必要的。其一，从性质上看，资本主义空间生产是一种非正义的空间生产，这种非正义性并不会因为处于当代中国而有所改变，即不能认为当代中国的资本主义空间生产会褪去自身的非正义性。其二，不能因为当代中国允许资本主义经济合法化，就认为资本主义经济及其衍生的资本主义空间生产具有内在的道德血液或理性血液。如果说资本主义经济确实表现出道德之维、理性之维，这并不是它的内在本性使然，而是出于两种原因：一种是这样做能更好地满足它的非正义性要求；另一种是社会抗议、政府监管或公民要求等外部要求使然。换言之，来自于政府、社会、公民、媒体等多渠道的外部监管可以作为引导资本主义空间生产作出趋于理性、道德的选择。其三，不能将资本主义空间生产混同于空间要素的市场化。市场是空间资源要素化的平台，而资本主义空间生产则是该平台的一种运行方式。因而，在党中央于新时代提出加强市场在资源配置中起决定性作用的境况下，当代中国理应加强空间资源的市场化分配，但这绝不意味着资本主义空间生产起决定性作用，绝不意味着资本主义空间生产取代社会主义空间生产的主体性地位与主导性地位。

在当代中国，资本主义空间生产与社会主义空间生产之间的冲突集中表现为对待人与空间的原则性冲突：前者将空间与人当成生产的手段，后者将空间与人当成生产的目的。处于社会主义初级阶段的当代中国，应当坚持以社会主义空间生产为主体角色，以资本主义空间生产为积极角色的空间生产体制，从而更好地实现对空间正义的寻求。

5.2　未来的研究展望

社会空间理论是一种开放性的社会批判理论。这种开放性的理论品格决定了不能将其局限于资本主义社会的空间生产批判，还应将其扩展至社会主义社会的空间生产批判。这是社会空间理论研究中国化的应有之义。对于如何进一步发展社会空间理论研究而言，本书认为，可以从下述层面展开。

5.2.1　当代中国社会空间问题域的建构

改革开放以来，当代中国经历着从物质生产向空间生产的变迁，其结果就是推动了当代中国空间社会的形成与发展。审视这种社会的形成，建构其中所蕴含的问题域，对于社会空间理论研究的中国化无疑具有理论意义与现实意义。此外，作为当前全球化进程中具有代表性的发展中国家，系统总结与反思当代中国空间社会发展道路的经验教训无疑具有世界史意义。

当代中国的社会空间问题域是关于当代中国空间社会发展道路的诸多问题的集合。其中，有三类问题比较突出。

其一，当代中国空间社会高速发展的原因问题。与经济的飞速发展一样，当代中国在空间发展层面毫无疑问也是飞速的。例如，高速公路、高铁、飞机场、房地产以及城市化的高速崛起均可视为空间飞速发展的显著例证。那么哪些因素促动了这种飞速的空间发展呢？本书认为，其原因具有如下四种：土地公有制、社会主义意识形态、社会主义市场经济体制、政府集中领导。具体而言：土地公有制确保了土地市场化的必要性与低成本性（例如低成本的拆迁）；社会主义意识形态宣传了空间生产的必要性与正当性（例如要致富，先修路）；社会主义市场经济体制加速了空间要素的市场化进程（例如房地产）；政府集中领导保障了大规模空间基础设施建设的权利支撑（例如铁路与公路的规模化建设）。

其二，当代中国空间社会发展道路的公平问题。毋庸讳言，当代中国出现了非公平的空间发展问题。然而，当前国内理论界在描述这种空间非公平问题时具有重要的西方特征：理论研究的城市中心主义特征，即大多数文献集中于描述以城市为中心的非公平问题；理论研究的西方问题意识特征，即大多数文献按照西方学者所挖掘的问题来分析中国的空间非正义问题。这种研究现象亟待改善，其目标应朝向建构本土化的空间非正义问题。例如，除关注城市外，我们是否应该高度重视乡村问题，在探究乡村问题的过程中又要如何体现出中国特色？再如，在面对城市问题时，我们是否要反思城市发展的主导性问题与中心主义问题？此外，在分析导致空间非正义现象的原因时，不能仅仅把原因归结于资本逻辑主导的资本主义空间生产，还应该从政府主导下的社会主义空间生产寻找症因。质言之，空间发展的失当原因当然包括资本逻辑，但不能把资本逻辑当成唯一的框，一切坏问题的根源都往里装。

其三，当代中国空间发展的顶层设计问题。作为一个社会主义国家，当代中国空间生产的发展方向自然是朝着体现共产主义性质的空间社会前进。但由于人们无法直接获知何谓共产主义性质的空间社会，因而当代中国在空间发展道路上必然不可避免地经历着"摸着石头过河"的发展战略。这种发展战略允许空间发展道路的试错性，同时要求及时有效的纠错机制。这种战略作为发展的起步阶段是有益的，但随着发展的深入，这种发展战略的弊端也日益凸显，即缺乏危害的事先规避机制。中国特色社会主义进入新时代以来，随着顶层设计理念的展开，当代中国的空间发展道路亦要体现出顶层设计的声音。空间发展的顶层设计通过规范空间发展道路的方向，从而切实做到空间阵痛的事先规避。尤其是在社会主义空间生产与资本主义空间生产并存的格局下，空间道路的顶层设计应该明确定位与规范二者在发展道路上的程度、广度、深度。对于理论界而言，参与这种顶层设计的最佳方式莫过于切实而又具体地批判当代中国的空间生产问题，尤其是其中的资本主义空间生产问题与社会主义空间生产问题。就此而言，理论工作者应发现体现未来空间发展方向的特征，以此作为思考当代中国空间发展道路之顶层设计的理论契机。

5.2.2 当代中国社会空间话语体系的建设

社会空间话语体系建设是发展当代中国社会空间理论的基本内容之一。从必要性上讲，当代中国空间生产迫切需要建构符合其自身实际的话语体系。当代中国空间生产主要包括社会主义空间生产与资本主义空间生产，这决定了其与西方资本主义空间生产之间具有本质上的差异。由于这种本质差异，当代中国空间生产必然呼唤一种迥异于西方社会空间话语体系的话语体系。这就需要理论工作者直面当代中国的空间生产问题域，建构合乎实际空间问题的话语体系。

当代中国社会空间话语体系建设的关键是通过直面实际的空间问题建构相关的空间概念。当代中国空间概念建设一般而言有如下两种途径。

一是探讨当前已有的争议性空间概念，将之发展成共识性概念。例如，通过辨析社会空间的诸多争议性内涵，建立一个最大限度包容各方含义的广义性概念，从而实现概念的重叠共识。本书对"社会空间"概念的界定可视为这种努力的体现。

二是将空间概念建设与空间问题发掘相结合，从而建构具有反映当代中国特色空间问题的本土化概念。可以说，20 世纪中叶以来的社会空间转向之所以如此壮观，根本上在于问题挖掘（即以城市规划与全球化为代表的空间规划）与概念建构（即社会空间、空间生产、空间正义）的完美结合。对于当代中国社会空间理论而言，研究者应直面当代中国空间问题，提炼符合中国实际的问题，继而用凝练的语言反映、凸显和总结当代中国的空间问题。以乡村问题为例，尽管国内的文学、社会学等比较关注乡村问题，但由于受国外社会空间理论影响，当前国内社会空间理论研究者却重点关注以城市为中心的空间问题，相对而言忽视了以乡村为中心的空间问题。本书认为，国内社会空间理论研究者应该关注乡村空间问题，在这种关注中建构一些全新的空间话语。例如，面对当代中国乡村空间生活的困境，人们可以发展"乡村权利"这一概念，以此呼应改善城市困境的"城市权利"这个概念。对于当前农村现代化、农村土地市场化、农村土地三权分置的时代境况下，建构"乡村权利"这一概念，对于强调村民有在乡村和谐生活的权利是十分必要的。进言之，乡村权利应在社会空间理论的话语体系中占据它应有的位置。

5.2.3　当代中国空间价值论研究

空间价值论可成为未来国内社会空间理论研究的第三种发展趋势。所谓空间价值论，是指用价值论审视社会空间问题以及反思既有社会空间理论的理论。本书在第二章中部分涉及了社会空间中的价值论追问。此处，本书试图揭示这种价值论追问的另一个理论益处，即价值论中的主体性分析框架有助于弥补当前社会空间理论的批判劣势。

当前社会空间理论存在着三种理论短板。其一，在批判框架层面，当前的社会空间理论偏重于宏观层面上的"权利－空间"批判框架以及"资本－空间"批判框架，较少重视微观层面上的"个体－空间"批判框架。其二，在空间问题论域层面，当前国内外社会空间理论普遍注重寻求由政府或资本导致的空间问题，而忽视了人在空间问题中所起的作用，或者说了忽视了由人造成的空间问题；其三，在空间正义的寻求层面，由于对资本与政府的偏爱以及对个体的忽视，因而当前国内外社会空间理论主要是从政府与资本的视域寻求空间问题的解决，以此实现对空间正义的寻求，相对而言，忽视了从个体层面出发寻求空间正义的可能性。例如，从现有研究文献看，研究者们大都集中于关注宏观层面的全球空间、中观层面的城市空间、微观层面的日常生活空间，其缘由在于这些空间问题的原因都可以在"权利－空间"与"资本－空间"的批判框架中寻求。就此而言，这种宏观批判框架显然有着特定的理论优势，但由于其缺乏"个体－空间"层面的微观批判框架，因而这导致了其特有的理论不足，即难以有效分析个人与个人之间的空间冲突。以广场舞冲突为例，这种冲突的原因既不能归之于资本对公共空间的入侵，也不能归之于政府公共空间管理措施的滞后，而应归之于个体层面上的公民空间需求冲突。由于广场舞冲突起因于公民之间的异质性需要的冲突，因而其化解路径应立足于对公民异质性需要的规范。

倡导空间价值论有利于为当前社会空间理论中注入"个体－空间"层面的微观批判框架，从而弥补上述三种理论短板：在框架层面，注入"个体－空间"层面的微观批判框架；在空间问题论域层面，引入了由个人造成的空间问题分析；在空间正义寻求层面，引入了个体视域下的空间正义寻求路径。例如，从价值论的视域看，广场舞冲突起因于作为公共空间的广场难以有效满足不同公民的需要，相应地，可视为人导致的空间问题，因而化解这种广场舞冲突的最佳方式莫过于通过公民之间的"民主协商"机制规范各种主体之间的需要。

倡导空间价值论，实际上是用价值论补充当前社会空间理论所缺乏的"个体－空间"批判框架，拓展社会空间理论的批判论域。由于价值论视野的主体不仅包括个人层面的"小写主体"，而且也包括政府、资本等非个人层面的"大写主体"，因而倡导空间价值论：既可以为当前的社会空间理论引入"个体－空间"层面的社会空间批判，又可以借此重审"权利－空间"层面以及"资本－空间"层面的社会空间批判。最终，空间价值论或有望促成"政府－资本－公民"三维统一的社会空间问题分析框架。这种三维分析框架，能平等尊重政府、资本以及公民的空间权益，从而可以呼应空间治理的理念。

参考文献

马克思主义经典作家著作

［1］马克思恩格斯全集（第七卷）［M］.北京：人民出版社，1972.

［2］马克思恩格斯全集（第23卷）［M］.北京：人民出版社，1972.

［3］马克思恩格斯全集（第26卷）［M］.北京：人民出版社，1973.

［4］马克思恩格斯全集（第46卷上）［M］.北京：人民出版社，1979.

［5］马克思恩格斯全集（第47卷）［M］.北京：人民出版社，1979.

［6］邓小平：邓小平文选（第二卷）［M］.北京：人民出版社，1983.

［7］邓小平：邓小平文选（第三卷）［M］.北京：人民出版社，1993.

［8］马克思恩格斯全集（第30卷）［M］.北京：人民出版社，1995.

［9］马克思恩格斯选集（第一卷）［M］.北京：人民出版社，1995.

［10］马克思恩格斯选集（第二卷）［M］.北京：人民出版社，1995.

［11］马克思恩格斯选集（第三卷）［M］.北京：人民出版社，1995.

［12］马克思恩格斯选集（第四卷）［M］.北京：人民出版社，1995.

［13］马克思：1844年经济学哲学手稿［M］.北京：人民出版社，2000.

［14］马克思：资本论（第一卷）［M］.北京：人民出版社，2004.

国内原著

［1］洪涛.逻各斯与空间——古代希腊政治哲学研究［M］.上海：上海人民出版社，1998.

［2］刘文英.中国古代的时空观念［M］.天津：南开大学出版社，2000.

［3］俞可平.权利政治与公益政治［M］.北京：社会科学文献出版社，2005.

［4］鲁迅.鲁迅全集（第一卷）［M］.北京：人民文学出版社，2005年.

［5］高鉴国.新马克思主义城市理论［M］.北京：商务印书馆，2006.

［6］孙江."空间生产"——从马克思到当代［M］.北京：人民出版社，2008.

［7］包亚明.现代性与都市文化理论［M］.上海：上海社会科学院出版社，2008.

［8］沈汉.资本主义史（第一卷）［M］.北京：人民出版社，2009.

［9］吴国盛.希腊空间概念［M］.北京：中国人民大学出版社，2010.

［10］张志伟.西方哲学史［M］.北京：中国人民大学出版社，2010.

［11］马俊峰.价值论的视野［M］.武汉：武汉大学出版社，2010.

［12］童强.空间哲学［M］.北京：北京大学出版社，2011.

［13］潘可礼.社会空间论［M］.北京：中央编译局出版社，2012.

［14］李春敏.马克思的社会空间理论研究［M］.上海：上海人民出版社，2012.

［15］李德顺.价值论（第3版）［M］.北京：中国人民大学出版社，2013.

［16］王晓磊.社会空间论［M］.北京：中国社会科学出版社，2014.

［17］刘胜利.身体、空间与科学：梅洛—庞蒂的空间现象学研究［M］.南京：江苏人民出版社，2014.

［18］梁启超.儒家哲学［M］.北京：中华书局，2015.

［19］苗力田，李毓章.西方哲学史新编［M］.北京：人民出版社，2015.

［20］王志刚.社会主义空间正义论［M］.北京：人民出版社，2015.

英文原著

［1］Christopher Browne Garnett JR：The Kantian Philosophy of Space［M］. New York：Columbia University Press，1939.

［2］Henri Lefebvre. Everyday Life in the Modern World［M］. New York：Harper& Row，1971.

［3］David Harvey：Social Justice and the City［M］.Oxford：Basil Blackwell，1973.

［4］Henri Lefebvre：The Survival of Capitalism［M］.Translated by Frank Bryant，New York：St. Martin's Press，1976.

［5］David Harvey：The Urbanization of Capital［M］.Oxford：Basil Blackwell，1985.

［6］Henri Lefebvre：The Production of Space［M］.Translated by Donald Nicholson-Smith，Oxford：Basil Blackwell，1991.

［7］Henri Lefebvre：Writings on Cities［M］. Selected，translated and introduced by Eleonore Kofman and Elizabeth Lebas，Oxford：Blackwell Publishers Ltd，1996.

［8］Don Mitchell：The Right to the City—Social Justice and the Fight for Public Space［M］.NY：The Guilford Press，2003.

［9］Theodore R. Schatzki：Martin Heidegger：Theorist of Space ［M］.Stuttgart：Franz Steiner Verlag，2007.

中文译著

［1］爱因斯坦文集（第一卷）［M］.徐良英，范岱年，译.北京：商务印书馆，1976.

［2］安倍能成.康德实践哲学［M］.于凤梧、王宏文译，福州：福建人民出版社，1984.

［3］〔德〕赖欣巴哈.科学哲学的兴起［M］.伯尼，译.北京：商务印书馆，1991.

［4］莱布尼茨与克拉克论战书信集［C］.陈修斋，译.北京：商务印书馆，1996.

［5］权利的眼睛［C］.严锋，译.上海：上海人民出版社，1997.

［6］〔法〕福柯：规训与惩罚［M］.刘北成，杨远婴，译.北京：生活·读书·新知三联书店，1999.

［7］空间、知识、权力——福柯访谈录［A］.陈志梧，译.后现代性与地理学的政治［C］，上海：上海教育出版社，2001.

［8］塞尔.心灵、语言和社会［M］.李步楼，译.上海：上海译文出版社，2001.

［9］〔法〕亚历山大·柯瓦雷.牛顿研究［M］.张卜天，译.北京：北京大学出版社，2003.

［10］康德.康德著作全集（第2卷）［C］.李秋零，译.北京：中国人民大学出版社，2003.

［11］索杰.第三空间：去往洛杉矶和其他真实和想象地方的旅程

［M］.陆扬等，译.上海：上海教育出版社，2003.

　［12］戴维·哈维.后现代的状况——对文化变迁之缘起的探究［M］.阎嘉，译.北京：商务印书馆，2003.

　［13］康德.纯粹理性批判［M］.邓晓芒，译.北京：人民出版社，2004.

　［14］海德格尔.海德格尔演讲与论文集［C］.孙周兴，译.北京：生活·读书·新知三联书店，2005.

　［15］〔法〕科耶夫.黑格尔导读［M］.姜志辉，译.南京：译林出版社，2005.

　［16］安东尼·奥罗姆.城市的世界——地点的比较分析和历史分析［M］.曾茂娟，任远，译.上海：上海人民出版社，2005.

　［17］〔美〕大卫·哈维.希望的空间［M］.胡大平，译.南京：南京大学出版社，2005.

　［18］约翰·贝拉米·福斯特.生态危机与资本主义［M］.耿建新、宋兴无，译.上海：上海译文出版社，2006.

　［19］牛顿.自然哲学的数学原理［M］，赵振江译，北京：商务印书馆，2006.

　［20］社会批判理论纪事.第1辑［C］.张一兵主编，北京：中央编译出版社，2006.

　［21］爱德华·W·苏贾.后现代地理学——重申批判社会理论中的空间［M］.王文斌，译.北京：商务印书馆，2007.

　［22］〔法〕吉尔松.中世纪哲学精神［M］.沈清松，译.上海：上海人民出版社，2008.

　［23］〔法〕亚历山大·柯瓦雷.伽利略研究［M］.刘胜利译，北京：北京大学出版社，2008.

［24］〔古希腊〕亚里士多德.物理学［M］.张竹明译,北京:商务印书馆,2009.

［25］黑格尔.哲学史讲演录(第四卷)［M］.贺麟,王太庆,译.北京:商务印书馆,2009.

［26］〔英〕H·J·裴顿.康德的经验形而上学——《纯粹理性批判》上半部注释［M］.韦卓民,译.武汉:华中师范大学出版社,2009.

［27］黑格尔.自然哲学［M］.梁志学、薛华、钱广华,等译.北京:商务印书馆,2009.

［28］黑格尔.小逻辑［M］.贺麟译,北京:商务印书馆,2009.

［29］〔英〕莫尔.乌托邦［M］.戴镏龄译,北京:商务印书馆,2009.

［30］〔英〕欧文.欧文选集(第一卷)［M］.柯象峰,何光来,秦果显译,北京:商务印书馆,2009.

［31］〔英〕欧文.欧文选集(第二卷)［M］.柯象峰,何光来,秦果显译,北京:商务印书馆,2009.

［32］哈维.新帝国主义［M］.初立忠、沈晓雷,译.北京:社会科学文献出版社,2009.

［33］〔美〕格兰特.近代科学在中世纪的基础［M］.张卜天,译.长沙:湖南科学技术出版社,2010.

［34］德雷克·格利高里、约翰·厄里编.社会关系与空间结构［C］.谢礼圣、吕增奎,等译.北京:北京师范大学出版社,2011.

［35］〔德〕哈拉尔德·弗里奇.改变世界的方程:牛顿、爱因斯坦和相对论［M］.邢志忠,江向东,黄华艳,译.上海:上海科学教育出版社,2011.

［36］曼纽尔·卡斯特.网络社会的崛起［M］.夏铸九,等译.北

京：社会科学文献出版社，2011.

［37］〔美〕埃德温·阿瑟·伯特．近代物理科学的形而上学基础［M］．张卜天译，长沙：湖南科学技术出版社，2012.

［38］海德格尔．存在与时间［M］．陈嘉映，王庆节，译．北京：生活·读书·新知三联书店，2012.

［39］哈维．后现代的状况：对文化变迁之缘起的探究［M］．阎嘉，译．北京：商务印书馆，2013.

［40］康德．未来形而上学导论：注释本［M］．李秋零，译注．北京：中国人民大学出版社，2013.

［41］哈维．叛逆的城市：从城市权利到城市革命［M］．叶齐茂，译．北京：商务印书馆，2014.

［42］〔美〕皮凯蒂．21 世纪资本论［M］．巴曙松等译，北京：中信出版社，2014.

［43］〔德〕阿尔弗雷德·索恩－雷特尔．脑力劳动与体力劳动：西方历史的认识论［M］，谢永康、侯振武，译．南京：南京大学出版社，2015.

［44］哈维．正义、自然和差异地理学［M］．胡大平译，上海：上海人民出版社，2015.

［45］苏贾．寻求空间正义［M］．高春花等译，北京：社会科学文献出版社，2016.

中外论文与报纸

［1］David Harvey：'The right to the city'［J］，New Left Review，53，SEPT OCT 2008，PP23-40.

〔2〕〔法〕F·费迪耶等.晚期海德格尔的三天讨论班纪要〔J〕.丁耘摘译,哲学译丛,2001年第3期.

〔3〕哈维.马克思的空间转移理论——《共产党宣言》的地理学〔J〕.郇建立,编译.马克思主义与现实,2005第4期.

〔4〕福柯.另类空间〔J〕.王喆,译.世界哲学,2006第6期.

〔5〕〔美〕大卫·哈维.美国与中国经济刺激方案比较〔J〕.吴铭译,国外理论动态,2009年第7期.

〔6〕国务院关于深化城镇住房制度改革的决定〔J〕.中国房地产,1994年第10期.

〔7〕国务院关于印发全国土地利用总体规划纲要(2006-2020年)的通知〔J〕.国土资源通讯,2008年第20期.

〔8〕文兴吾.相对论时空观与物体机械运动〔J〕,河北大学学报(自然科学版),1989年第2期.

〔9〕李占一.普列汉诺夫论十九世纪空想社会主义者的历史观〔J〕.学术界,1990年第1期.

〔10〕卢嘉瑞.论空间生产力〔J〕.吉林大学社会科学学报,1993年第2期.

〔11〕王秀兰.社会主义概念历史考〔J〕.冀东学刊,1996年第3期.

〔12〕周志忍.公共悖论及其理论阐释〔J〕.政治学研究,1999年第2期.

〔13〕俞可平.治理和善治引论〔J〕.马克思主义与现实,1999年第5期.

〔14〕邓晓芒.什么是艺术作品的本源——海德格尔与马克思美学思想的一个比较〔J〕.哲学研究,2000年第8期.

［15］俞吾金.存在、自然存在和社会存在——海德格尔、卢卡奇和马克思本体论思想的比较研究［J］.中国社会科学，2001年第2期.

［16］王南湜.马克思哲学当代性的三重意蕴［J］.中国社会科学，2001年第5期.

［17］王南湜.马克思哲学当代性的三重意蕴［J］.中国社会科学，2001年第5期.

［18］周加来."城市病"的界定、规律与防治［J］.中国城市经济，2004年第2期.

［19］鲍传友.中国城乡义务教育差距的政策审视［J］.北京师范大学学报（社会科学版），2005年第3期.

［20］任平.空间的正义——当代中国可持续城市化的基本走向［J］.城市发展研究，2006年第5期.

［21］马俊峰.当前中国价值论研究的几个问题［J］.哲学研究，2007年第8期.

［22］曹立村.论基于新经济人假设的政府经济人理性的回归［J］.求索，2008年第3期.

［23］俞可平.中国治理变迁30年（1978—2008）［J］.吉林大学社会科学学报，2008年第3期.

［24］王兴中，王立，谢利娟.国外对空间剥夺及其城市社会资源剥夺水平研究的现状与趋势［J］.人文地理，2008年第6期.

［25］裴军.城市环境污染的现状、原因及对策建议［J］.中国科技论坛，2009年第2期.

［26］汪行福.空间哲学与空间政治——福柯异托邦理论的阐释与批判［J］.天津社会科学，2009年第3期.

［27］马俊峰.再论重视规范价值的研究——兼论"普世价值"

［J］.哲学动态，2009 年第 7 期.

　［28］韩芳娟，唐根年.中国房地产市场非理性运行特征及其风险比较研究——以 35 个典型城市为例［J］.现代经济（现代物业下半月刊），2009 年第 10 期.

　［29］庄友刚.空间生产与资本逻辑［J］.学习与探索，2010 年第 1 期.

　［30］刘胜利."空间观"的哥白尼革命——康德对传统空间观的继承与批判［J］.科学文化评论，2010 年第 3 期.

　［31］林顺利，张岭泉.社会政策的空间之维——以城市贫困的空间剥夺为例［J］.河北大学学报（哲学社会科学版），2010 年第 4 期.

　［32］李春敏.《博士论文》：马克思空间思考的重要起点［J］.天赋新论，2010 年第 4 期.

　［33］张之沧.论空间的生产、建构和创造［J］.学术月刊，2011 年第 7 期.

　［34］庄友刚.西方空间生产理论研究的逻辑、问题与趋势［J］.马克思主义与现实，2011 年第 6 期.

　［35］王金福."空间、空间生产"五问—对张之沧教授几个观点的质疑［J］.学术月刊，2012 年第 1 期.

　［36］王志刚.论社会主义空间正义的基本架构——基于主体性视角［J］.江西社会科学，2012 年第 5 期.

　［37］庄友刚.何谓空间生产——关于空间生产问题的历史唯物主义分析［J］.南京社会科学，2012 年第 5 期.

　［38］王学荣.论资本逻辑与空间生产逻辑的"二律背反"［J］.理论导刊，2012 年第 7 期.

　［39］冯骥才.传统村落的困境与出路——兼谈传统村落是另一种

文化遗产［J］.传统村落，2013 年第 1 期.

［40］庄友刚.历史唯物主义视野中的空间生产研究：原则与理论［J］.学术研究，2013 年第 7 期.

［41］王志刚.空间正义：从宏观结构到日常生活——兼论社会主义空间正义的主体性建构［J］.探索，2013 年第 5 期.

［42］王盛，旷丽军.保障房市场与商品房市场关系研究［J］.科学发展，2013 年第 12 期.

［43］向春玲.中国城镇化进程中的"城市病"及其治理［J］.新疆师范大学学报（哲学社会科学版），2014 年第 2 期.

［44］张晓，杨琼英，林国桢等.大气污染与居民肺癌发病及死亡灰色关联分析［J］.中国公共卫生，2014 年第 2 期.

［45］黄其洪.爱德华·索亚：空间本体论的正义追寻［J］.马克思主义与现实，2014 年第 3 期.

［46］汪丽，李九全.西安城中村改造中流动人口的空间剥夺——基于网络文本的分析［J］.地域研究与开发，2014 年第 4 期.

［47］王南湜.解释"时空压缩"现象需要"空间转向"吗？——一种基于扩展马克思剩余价值论的透视［J］.学习与探索，2015 年第 1 期.

［48］刘燕.从劳动异化到生态异化：马克思的资本批判逻辑［J］.宁夏社会科学，2015 年第 6 期.

［49］马俊峰.马克思主义价值理论与当代中国价值观念转变［J］.高校马克思主义理论研究，2016 年第 3 期.

［50］张羽佳.权利、空间知识型与乌托邦［J］.探索与争鸣，2016 年第 8 期.

［51］赵汀阳.第一个哲学词汇［J］.哲学研究，2016 年第 10 期.

［52］王晶晶.冯骥才：城市文化悲剧正向农村转移［N］.中国青年报，2011-03-11，11版.

［53］赵瑾.适应全球价值链　调整政策着力点［N］.经济日报，2017-3-10，15版.

网上文献

［1］刘慧：法国国土规划与理论实践。参见：http://www.zdpri.cn/newsite/sanji.asp?id=223031。

［2］黑夜站立运动：http://news.xinhuanet.com/world/2016-04/23/c_1118712544.htm。

［3］百度百科"癌症村"词条：http://baike.so.com/doc/5414903-5653045.html#refff_5414903-5653045-2。

后记

　　本书即将付印之际，沉淀在心里的过往次第浮现。2010年我在大学即将毕业之际，因对哲学感兴趣就报考了哲学专业的硕士研究生入学考试，后来顺利进入了华侨大学，攻读马克思主义哲学硕士学位。在华大四年的读书生活中，在硕导罗建平老师及校院杨楹、许斗斗、薛秀军、张世远、吴苑华等各位老师的悉心指导下，我逐渐从哲学的业余爱好者转向以马克思主义哲学为专业的学习者、研究者，从对哲学的自发体悟、自发兴趣转向对马克思主义哲学的自觉探索、自觉运用。2013年硕士即将毕业之际，罗老师建议我攻读马哲博士学位，以进一步加强对马克思主义哲学的深入理解。经过慎重思考，我认为，自身马哲理论素养需要得到进一步的提升，于是同年我报考了中国人民大学的博士研究生入学考试。幸运的是，我顺利进入了中国人民大学，师从马俊峰老师攻读马克思主义哲学博士学位。

　　步入人大求学以来，通过聆听院内外老师的讲课与讲座，我不仅从老师们那丰富的学识与广博的见闻中受益匪浅，而且切身体验到了亲切、生动、充满激情的授课艺术。博士就读期间，马老师不仅以其渊博丰厚的学术底蕴指点我攀登马克思主义这座学术大山，而且同时以其儒雅、健谈、亲切的生活作风温暖了我在人大四年的日常生活。在入学初，我有次向马老师请教马哲学习方法，期间，他询问了我的本科专业。在得知我的本科专业是城市规划后，他就建议我把"社会空间"作为博士研究方向。我接受了这个建议，从而较早地确定了博士期间的理论学习主线——即从事社会空间理论研究。经过对社会空间理论文献的仔细梳理，我初步拟定了本人感兴趣而学界研究较乏的三个问题：其一，空间理论演变与实践之间的奠基性关系问题；其二，当代社会空间研究的宏观发展脉络问题；其三，社会空间的中国化问题。在对这三个问题的研究过程中，我的论文写作犹如婴儿习路经常处于一步一摇晃与不时的跌倒中，幸赖马老师的悉心指导，以及在本书创作过程中受郭湛、郝立新、张文喜、常晋芳、林娅、贺瑞金、鉴传今、安启念、张立波等校内外各位老师的不吝赐教，我终于把对社会空间的朦胧思绪转化成了博士毕业论文。

博士毕业后，在与一位博士同学的怀旧谈话中，我得知了一家专门资助学术专著出版的公司即北京人文在线文化艺术有限公司。后来，2017 年 9 月份，我刚好又在网上看到了这家公司的第三季资助活动，于是我便投递了申请书。经过三个多月的评选期，北京人文在线的编辑通知我得到了公司的全额资助。在接下来的过程中，编辑与我保持了有效、及时的沟通，耐心、细致地回答了我的疑问，最终我们共同选择了新华出版社。

从头脑中的思绪化为博士毕业论文，从博士毕业论文化为即将公开出版的专著，我的身份也从"校园学生"转变为"校园教师"，从"马克思主义专业研究生"转变为"马克思主义理论工作者"。一路走来，我要感谢的人很多：没有硕导罗建平、博导马俊峰等各位老师的学术指导，我不可能顺利完成该书；没有各位硕博好友的鼓励与支持，我的硕博生活不会如此地让人怀念；没有北京人文在线的辛勤付出，我的书也不可能如此顺利地付印。最后，家人虽然没有直接参加我的专著的写作与出版，但家人的信任与支持是助推我顺利完成这两件事的根本。

付高生

2018 年 3 月 28 日